D1943394

Party, Pomp und Propaganda

Krijn Thijs

PARTY, POMP UND PROPAGANDA

Die Berliner Stadtjubiläen 1937 und 1987

Herausgegeben von Kulturprojekte Berlin

nicolai

Unser Newsletter und unsere Facebook-Seite informieren Sie
über aktuelle Bücher und alle anderen Neuigkeiten unseres Verlags.

www.nicolai-verlag.de

Dieses Buch erscheint anlässlich der Open-Air-Ausstellung zu den Berliner Stadtjubiläen von 1937 und 1987 »Party, Pomp und Propaganda« im Rahmen des 775. Geburtstags Berlins.

Herausgeber:

KULTUR PROJEKTE BERLIN

Kulturprojekte Berlin GmbH
Geschäftsführer Moritz van Dülmen
Autor: Krijn Thijs
Redaktion: Annette Meier
Bildredaktion: Antje Schröder, Jasmin Bühring und Meta Stephan

nicolai *Der Hauptstadtverlag*

Lektorat: Diethelm Kaiser
Herstellung: Christine Noack

Printed in the EU

ISBN 978-3-89479-754-6

Inhalt

Einleitung

I.

Ost-Berlin hatte das beste Wetter. Der riesige Festzug zur 750-Jahr-Feier fand am 4. Juli 1987 statt und überraschte die vielen tausend Zuschauer mit ungewohnter Farbenpracht und Lockerheit. Der herrliche Sonnenschein tat ein Übriges, um diesen Höhepunkt des realsozialistischen Stadtjubiläums zu einem Erfolg zu machen.

Fünfzig Jahre zuvor, als Berlin seinen 700. Geburtstag beging, hatte es hin und wieder Schauer gegeben. Die nationalsozialistische Reichshauptstadt hatte am 15. August 1937 einen bunten historischen Umzug veranstaltet. Die Bilder zeigen viele Schirme und nasse Straßen, die Feststimmung wurde davon aber offensichtlich nicht getrübt.

Unter Regen hatte auch West-Berlin bei seinem Geburtstagsfest 1987 zu leiden. In der Inselstadt gab es zur 750-Jahr-Feier zwar keinen Festzug, dafür aber eine Open-Air-Bühnenshow am Großen Stern. Doch der August war nass und kalt. Die Generalprobe am 6. August konnte nur mit 500 eilig organisierten Regencapes und Schirmen bestritten werden. Auch an den folgenden Abenden war die Inszenierung der »SternStunden« spektakulär, aber wenig sommerlich. Die Hauptstadt der DDR errang 1987 zumindest im Wettbewerb um das beste Wetter einen klaren Punktsieg.

***

Dreimal wurde bis heute ein Berlin-Jubiläum gefeiert, und jedes in einer anderen politischen Ordnung: das erste 1937 im nationalsozialistischen Berlin, die 750-Jahr-Feiern getrennt und im direkten Wettbewerb miteinander in Ost- und West-Berlin.

Diese kuriose Situation lädt dazu ein, Vergleiche anzustellen, und zwar weit über die Wetterlage hinaus. Wie präsentierte sich Berlin 1937 und 1987 zu seinem Geburtstag? Welche Ziele verfolgten die Stadtverwaltungen? Wie wurde die turbulente Geschichte dieser Stadt jeweils dargestellt? Wollte man mit oder ohne Festzug feiern, ganz groß oder eher klein? Politisch waren die Inszenierungen allesamt. Aber waren sie auch als Fest erfolgreich? Nahmen die Berliner aktiv daran teil? Diesen Fragen widmet sich das vorliegende Buch. Anlässlich der 775-Jahr-Feier 2012 möchte es mit einer Vielzahl von Bildern aus dem »Dritten Reich« und dem Kalten Krieg einen Rückblick auf die früheren Stadtjubiläen bieten.

II.

Die ersten, die den Geburtstag der Stadt überhaupt begingen, waren die Berliner Nationalsozialisten – obwohl die Idee eines Jubiläums bereits früher diskutiert worden war. Sie begründeten damit eine bis heute währende Tradition. Ihre 700-Jahr-Feier 1937 war eine lokale Veranstaltung. Das Stadtfest sollte die Gemeinschaft und Heimatliebe der Berliner festigen und die Stadt in das »Dritte Reich« eingliedern. Das Programm dauerte eine Woche im August und umfasste neben dem Festzug auch ein Festspiel im Olympiastadion, eine Freiluftausstellung und einen Blumenkorso. Das alles wurde zwar mit viel nationalsozialistischem Pathos aufgeladen, bewegte sich zugleich aber innerhalb des für Stadtfeste damals üblichen Rahmens. Kein Speer und kein »Germania« – Berlins 700-Jahr-Feier war ein Heimatfest.

Das sah ein halbes Jahrhundert später ganz anders aus. Berlin war 1987 seit nunmehr fast vierzig Jahren eine geteilte Stadt. Quer durch ihre Mitte lief die Berliner Mauer, die die Ostdeutschen an der Flucht in den Westen hinderte. Ost-Berlin beging den Geburtstag als Hauptstadt der DDR und konnte dafür viele Ressourcen aus der gesamten Republik mobilisieren. Ein groß angelegtes Fest war die Folge, das sich über das ganze Jahr erstreckte und weit über die kommunalen Grenzen hinaus wirkte. Die Ost-Berliner 750-Jahr-Feier sollte die Stabilität und Normalität des realsozialistischen Deutschlands vorführen. Mit glanzvollen Programmen, Bauprojekten und einer imposanten Festparade wollte die DDR Vitalität demonstrieren. Dass es noch ein anderes Berlin gab, war aus diesem Programm kaum zu erfahren. West-Berliner Versuche, über die Mauer hinweg gemeinsam Festveranstaltungen zu organisieren, hatte die SED in den Jahren zuvor abgeblockt. Die Ost-Berliner 750-Jahr-Feier wurde zu einer staatlichen Inszenierung der DDR-Hauptstadt.

Das dritte Geburtstagsfest feierte in jenem Jahr 1987 die merkwürdige Insel West-Berlin. Eingemauert vom sozialistischen Umland und abgetrennt von der anderen Hälfte des Stadtgebietes, überlebte die Frontstadt im Kalten Krieg nun schon seit vierzig Jahren. Doch was wollte man 1987 eigentlich genau feiern? Die Teilung erkannte man ja nicht an. Sollte der Senat nun mit massivem Aufwand bei den eigenen Festprogrammen die Ost-Berliner Feierlichkeiten zu übertrumpfen versuchen? Oder musste man nicht vielmehr zeigen, dass sich eine Demokratie anders inszeniert als eine sozialistische Diktatur? Heraus kam ein Jubiläumsprogramm, das sich offen, dezentral und nachdenklich gab und sich im Stil deutlich von den beiden Berlin-Inszenierungen der autoritären Regime unterschied. Nicht zuletzt sollte die West-Berliner 750-Jahr-Feier, notfalls einseitig, die Zusammengehörigkeit beider Teilstädte demonstrieren.

Die Geschichte des 20. Jahrhunderts lässt sich weit über Deutschland hinaus als ein Konkurrenzkampf dreier politischer Gesellschaftsordnungen erzählen: des Faschismus, des Kommunismus und der freiheitlichen Demokratie. Jedes dieser Systeme schuf sein eigenes Berlin. In dieser Stadt standen sie im direkten Wettbewerb miteinander. Natürlich waren die Jubiläen von 1937 und 1987 mehr als nur fröhliche Volksfeste mit Berliner Bären und geschmückten Straßen. Stets begriffen die Stadtverwaltungen die Feiern als höchst politisch, und das zu Recht. Gerade im scheinbar unpolitischen Gewand einer Geburtstagsfeier ließen sich politische Werte, Muster und Aussagen von großer Relevanz vermitteln – emotionale Bindungen, Freund-Feind-Bilder, Gemeinschaftserfahrungen und die Verortung in der Geschichte. Unterschiedlicher als in der Hauptstadt des »Dritten Reiches«, der DDR-Metropole und dem West-Berliner Biotop konnten die Inszenierungen kaum ausfallen – und das machte etwaige Ähnlichkeiten immer wieder so brisant.

Die Jubiläen gehören somit untrennbar zur politischen Geschichte Berlins: Sie machten durch Festzüge und Ausstellungen die Gemeinschaft erfahrbar, den Stadtkörper gleichsam sichtbar. Ob die Bevölkerung diese Sinn- und Identifikationsangebote auch annahm, steht auf einem anderen Blatt. Neben Zustimmung und aktiver

Beteiligung gab es Dissens und Protest, und auch das wird dieses Buch dokumentieren.

III.

Berlin beging seine 700-Jahr-Feier vier Jahre nach Hitlers Machtübernahme. Die Zeit zwischen der gewaltsamen Etablierung der nationalsozialistischen Diktatur (bis etwa 1935) und dem offenen Terror (ab etwa 1938) wird häufig als »Ruhe vor dem Sturm« bezeichnet. Im Jahr 1936 war die Reichshauptstadt Gastgeber der Olympischen Spiele. Das »Dritte Reich« präsentierte sich dynamisch und modern. Hitlers Popularität in der deutschen Bevölkerung nahm 1937 weiter zu. Im Frühjahr zog das nationalsozialistische Regime mit der Propagandaschau »Gebt mir vier Jahre Zeit« auf dem Berliner Messegelände eine positive Bilanz seiner bisherigen Anstrengungen. Im September kam als prominenter Staatsgast Mussolini, Hitlers großes Vorbild. Zwischen diesen Großereignissen fand, viel bescheidener, die Berliner 700-Jahr-Feier statt. Sie fiel in eine Zeit, die von Begeisterung und Zuversicht, aber auch von internationalen Spannungen geprägt war: In Spanien tobte ein Bürgerkrieg – 1937 ist auch das Jahr der Zerstörung der baskischen Stadt Guernica durch deutsche und italienische Bomben. Die deutsche Rüstungsindustrie lief bereits auf Hochtouren, und im Sommer wurde mit der Einrichtung des Konzentrationslagers Buchenwald begonnen. Zeitgleich feierte die Reichshauptstadt ihr fröhliches und friedliches Geburtstagsfest.

Fünfzig Jahre später war Berlin eine andere Stadt geworden, gerade durch jene Kapitel der Stadtgeschichte, die die Nationalsozialisten nach 1937 mit Krieg, Verbrechen und Zerstörung geschrieben hatten. Es gab nun eine Mauer und de facto zwei Städte: ein Ost- und ein West-Berlin.

Mit dem Jahr 1987 rückt eines der aufregendsten und merkwürdigsten Jahre der jüngeren Stadtgeschichte in den Mittelpunkt. Gewiss, mit so dramatischen Ereignissen wie der Luftbrücke (1948), dem Mauerbau (1961) oder dem Mauerfall (1989) kann 1987 nicht aufwarten. Aber gerade in diesem Jahr war, von einer scheinbaren Normalität noch verdeckt, bereits vieles im Keim angelegt, was später historische Dimensionen gewinnen sollte. Ein flüchtiger Überblick genügt, um die Dynamik der Ereignisse von 1987 zu veranschaulichen: So baute die DDR das historische Nikolaiviertel wieder auf, und in West-Berlin eröffnete die provisorische Ausstellung »Topographie des Terrors«. Im leeren Spreebogen wurde das Deutsche Historische Museum gegründet. In Kreuzberg gab es zum ersten Mal Mai-Krawalle, David Bowie spielte am Reichstag auch für Fans hinter der Mauer und Ronald Reagan rief »Mr. Gorbachev, tear down this wall«. Erich Honecker absolvierte einen Staatsbesuch beim Klassenfeind in Bonn. In Berlin trafen sich erstmals die beiden Bürgermeister aus Ost und West persönlich. Die ostdeutsche Staatssicherheit musste sich nach der Durchsuchung der oppositionellen Umweltbibliothek in der Zionskirche unter öffentlichem Druck wieder zurückziehen. Über all diesen Ereignissen, ob Misserfolg oder Meilenstein, schwebten die Logos der beiden 750-Jahr-Feiern. Sie standen für den doppelten Geburtstag einer zerrissenen Stadt.

Blickt man heute auf diese Ereignisse zurück, so liegen die Bezüge zum großen Jahr 1989 auf der Hand. Gorbatschows Name war in aller Munde, und das Ministerium für Staatssicherheit erlitt in der sogenannten »Schlacht um Zion« seine erste große Niederlage. Heute spricht man von der *ersten* Niederlage, weil man weiß, was 1988 und 1989 folgte. Die Berliner von 1987 wussten das nicht. Für die politisch Interessierten unter ihnen aber häuften sich die Anzeichen für eine Veränderung – ohne dass man Art, Richtung oder Tempo erahnen konnte.

Es kann deshalb nicht häufig genug betont werden, dass 1987 vieles vorstellbar war, nur nicht ein baldiger Fall der Berliner Mauer. Bei aller unterschiedlichen Bewertung der Lage waren sich Ost und West 1987 wenigstens darüber einig: Ein Ende der deutschen Teilung käme, wenn überhaupt, in ferner, ferner Zukunft.

Erst wenn man sich dies vergegenwärtigt, werden die Handlungen, Spannungen und Hoffnungen des Jahres 1987 verständlich, wie auch die spezifische Bedeutung mancher Worte. Da wäre etwa der Appell von Reagan an Gorbatschow, die Mauer niederzureißen: bestechend und kühn gerade wegen seiner Wirklichkeitsferne. Oder man denke an die zahlreichen Beteuerungen des Senats, dass Berlin *eine* Stadt sei und bleibe. Dies war 1987 weder ein Allgemeinplatz noch eine vorausschauende Ankündigung des baldigen Mauerfalls. Es ging vielmehr um die politische Entscheidung, auch gegen den Strom der Zeit an einer Vorstellung von Berlin festzuhalten, die vielen Zeitgenossen als historisch überholt galt. Gerade der Kontrast zur West-Berliner Alltagswirklichkeit machte das Einheitspathos damals so markant und teilweise auch umstritten. Substanzielle Veränderungen erwartete man dennoch auch in Regierungskreisen nicht, wie die Einschätzung eines Senatssprechers 1986 illustriert, der das kommende Jubiläum eine große Sache nannte, »vermutlich für Berlin das größte Ereignis bis zum Ende dieses Jahrhunderts«. Hoffen konnte man vieles, glauben aber kaum. Und ein paar Jahre später tanzten die Berliner auf der Mauer.

Schauen wir heute auf das Berliner Jahr 1987 zurück, so blicken wir in ein anderes Jahrhundert und sehen eine andere Generation. Wir befinden uns heute jenseits einer welthistorischen Zäsur, von der man damals nicht ahnen konnte, dass sie unmittelbar bevorstand.

Wir sehen, kurzum, ein anderes Berlin. Dieses Buch möchte zum Betrachten dieser vergangenen Welt einladen. Es stellt den heutigen Berlinern zum Geburtstag ihrer Stadt drei frühere Varianten des Jubiläums vor. Drei Bildkapitel widmen sich den Festprogrammen im »Dritten Reich«, im DDR-Sozialismus und in der West-Berliner Demokratie. Ein abschließendes Kapitel fragt nach Rivalitäten und Verbindungen und zeigt, wie sehr sich die beiden Berlin-Jubiläen des Jahres 1987 noch in der Abgrenzung aufeinander bezogen.

Der Berliner Bär tanzte auf allen Berliner Geburtstagen. Geschmückt mit einer »700« marschiert er 1937 unter Hakenkreuzfahnen beim Blumenkorso mit (**Abb. ↑**). Als Zwillingsbären posieren zwei West-Berliner 1987 vor dem Brandenburger Tor. Mit ihren Schärpen, die mit »Berlin [Ost]« und »Berlin [West]« beschriftet sind, persiflieren sie das doppelte Jubiläum (**Abb. ↗**). Beim Ost-Berliner Festzug wacht der Berliner Bär im Jubiläums-T-Shirt über der hochkarätig besetzten Haupttribüne (**Abb. ↗↗**).

ACHTUNG
Sie verlassen jetzt
West-Berlin
BERLIN (WEST)

1237 1987
BERLIN

Die 700-Jahr-Feier der Stadt Berlin 1937

Einführung

Berlin war für die Nationalsozialisten kein leichtes Terrain. Die Industriemetropole galt als traditionell rote Hochburg, vor allem in den östlichen Arbeitervierteln, während eine avantgardistische Szene im »neuen Westen« die kulturelle Modernität der Weimarer Republik verkörperte. Die Stadt hatte der SA zufolge für Hitler »erobert« werden müssen, und zwar von Joseph Goebbels, der 1926 als Führer der damals noch unbedeutenden Berliner NSDAP und ihrer Schlägertruppen angetreten war. Auch nach dem Januar 1933 verlief die Etablierung der Naziherrschaft im »linken« und »überfremdeten« Berlin gewaltsamer und blutiger als anderswo. Nach der »Kampfzeit« galt es aber auch, die Stadt unter dem Hakenkreuz neu zu vereinen. Die deutsche Reichshauptstadt sollte in den folgenden Jahren zur wichtigsten Bühne nationalsozialistischer Machtinszenierung werden.

Die neuen Machthaber legten in der Hauptstadt gleich mit großen Bauprojekten los, wie beispielsweise der neuen Reichsbank (heute Auswärtiges Amt) oder dem halbrunden Verwaltungsgebäude am Fehrbelliner Platz. Mit der großen Propagandaschau der Olympischen Spiele 1936 prägten sie das Bild der Stadt. Und der Diktator selbst entwarf die Pläne für den gewaltigen Umbau Berlins, das mit neuen Megabauten und gigantischen Achsen zur Welthauptstadt »Germania« werden sollte.

Bis etwa 1936 arbeitete Hitler für seine Berliner Baupläne mit der Stadtverwaltung zusammen. Hier war Julius Lippert die zentrale Figur, ein alter Parteigenosse und früherer Mitarbeiter von Goebbels. Lippert hatte als Staatskommissar das Rathaus politisch »gesäubert« und kontrollierte den Oberbürgermeister Heinrich Sahm, der 1935 zurücktrat. Nun machte sich Lippert daran, Berlin nach Hitlers Wünschen zur repräsentativen Hauptstadt auszubauen.

Doch Hitlers Ambitionen reichten weiter als die Vorstellungen Lipperts. Unter den Führern der Nationalsozialisten wuchs die Unzufriedenheit mit dem Berliner Verwaltungschef, dem das richtige Format für die großen Aufgaben fehle. Ende 1936 beauftragte Hitler seinen Stararchitekten Albert Speer mit dem spektakulären Umbau von Berlin. Im Januar 1937 wurde Speer zum »Generalbauinspektor für die Reichshauptstadt« mit vielen Vollmachten ernannt.

Zur gleichen Zeit verabschiedete die Reichsregierung das »Gesetz über die Verfassung und Verwaltung der Reichshauptstadt Berlin«, das Lippert auch formell zum alleinigen Herrscher über die Kommune machte. Sein Staatskommissariat wurde in ein Stadtpräsidium verwandelt und mit dem Amt des Oberbürgermeisters zusammengelegt. Trotz des imponierenden Titels eines »Stadtpräsidenten und Oberbürgermeisters« war Lipperts Macht begrenzt. Der Berliner NSDAP-Führer Goebbels, zugleich Reichspropagandaminister und Hitlers Vertrauter, war ihm politisch übergeordnet. Auf dem Gebiet der Baupolitik wurde Lippert zudem bald von Speer überflügelt. In diesem doppelten Konkurrenzkampf unterlag er schließlich: Nach einem Konflikt mit dem Generalbauinspektor musste Lippert seinen Posten 1940 aufgeben.

So weit war es im Winter 1936/1937 aber noch nicht. Lippert war gerade aufgestiegen und beschloss, im kommenden Sommer die 700-Jahr-Feier Berlins auszurichten. Die Idee war schon in den späten 1920er-Jahren aufgekommen. Damals hatte der Stadtarchivar das Jahr 1930 dafür vorgeschlagen, weil Berlin »um 1230« gegründet worden sei, oder alternativ 1937, wegen der Ersterwähnung der Schwesterstadt Cölln im Jahr 1237. Nun wurde das Jubiläum also auf 1937 festgelegt. Lippert wollte mit einer selbstbewussten nationalsozialistischen Veranstaltung seine Stellung in Berlin stärken und sich als Stadtoberhaupt in Szene setzen.

Abb. S. 14: Historischer Festumzug am Brandenburger Tor, 15. August 1937.

Ein lokales Fest

Wie in solchen Fällen üblich, wurde die Berliner 700-Jahr-Feier im kommunalen Rahmen gefeiert. Es war nicht mehr und nicht weniger als ein Stadtfest, dessen Organisation ganz in der Hand des Stadtpräsidenten und Oberbürgermeisters Julius Lippert lag. Die Parteigrößen zeigten wenig Interesse an dem Ereignis. Hitler blieb dem Jubiläum fern, und der populäre Gauleiter Goebbels nahm als Ehrengast nur einen Tag daran teil. In seiner Festrede blickte er auf die »Kampfzeit« nach 1926 zurück und stellte fest: »Es ist uns gelungen, in knapp zehn Jahren aus dieser nach Moskau einst rötesten Stadt der Welt wieder eine wahrhaft deutsche Stadt zu machen.« Anschließend amüsierte er sich beim großen Festumzug. In seinen Tagebüchern spottete er aber, Lippert habe »gar kein Format für Berlin« und seine 700-Jahr-Feier sei »ein wahrer Witz«. Goebbels weiter: »Berlin hat sich zum 700 Jahrfest geschmückt. Sehr pompös, aber wenig geschmackvoll. Typisch Lippert.«

Stadtpräsident Lippert hatte den Organisationsausschuss mit seinen Leuten besetzt, ließ sich feiern und ordnete seine Stadt und ihre Bevölkerung ostentativ den Zielen des »Dritten Reiches« unter. »Ich bin überzeugt«, verkündete er, »daß alle Berliner Volksgenossen heute stolz auf ihre Heimatstadt sind und mich im Zeichen der 700-Jahr-Feier darin unterstützen werden, eine Volksgemeinschaft zu schaffen, die in vorderster Reihe in dem Kampf um Deutschlands Größe steht.« Und in der Tat beteiligten sich die Berliner rege am Jubiläumsfest: Sie säumten in großer Zahl den Festzug, schmückten ihre Fenster und nahmen am Blumenkorso teil.

Julius Lippert empfängt seinen Ehrengast, NSDAP-Gauleiter Joseph Goebbels, am 15. August 1937 vor dem Roten Rathaus. Im Hintergrund der stellvertretende Gauleiter Artur Görlitzer.

Für den Blumenkorso, das klassische Mittel bürgerlicher Selbstdarstellung, war die Initiative der Berliner gefragt. Vorab waren in Zeitungen »alle in Berlin ansässigen Wirtschaftsgruppen, Betriebe und Organisationen sowie alle Kraftwagenbesitzer« aufgerufen worden, sich »zu beteiligen und damit ihre Verbundenheit mit ihrer Vaterstadt in besonders schöner Weise zum Ausdruck zu bringen«. Der Aufruf hatte großen Erfolg: Am 19. August präsentierten sich Vereine, Unternehmen und städtische Betriebe mit nicht weniger als 300 Wagen in einem vier Kilometer langen Blumenkorso. Die Wasserwerke etwa beteiligten sich mit einem fahrbaren Springbrunnen, der Berliner Viehhof ließ einen Ochsen aus Astern durch die Stadt rollen und die Firma Delbag Luftfilter schickte fröhliche Blumenmädchen (**Abb. ↖**). »Ganz Berlin rollt sozusagen blumengeschmückt zum Geburtstagsgruß herbei«, schrieb der *Berliner Lokal-Anzeiger.* Mit dabei war auch das Schuhgeschäft Leiser (**Abb. ↑**), eine der Firmen, die inzwischen »arisiert« worden waren. Der jüdische Firmengründer hatte seine Anteile verkaufen müssen und war 1936 nach Argentinien emigriert. Die Bilder stammen aus einem Fotoalbum, das die Wirtschaftskammer Berlin-Brandenburg nach dem Jubiläum zusammenstellte und dem Stadtpräsidenten widmete.

Rechts das fahnengeschmückte Rote Rathaus in einer Ansichtskarte von 1937.

700

Der historische Festzug

Der traditionelle Höhepunkt eines Stadtjubiläums ist der Festzug, und so war es auch 1937 in Berlin. Das Fest wurde am Sonntag, dem 15. August, mit einer historischen Parade eröffnet, an der etwa 4300 Darsteller, 70 Wagen und 10 Musikkapellen teilnahmen. Thema der 130 Bildfolgen war laut Programmheft »das Werden und Wachsen unserer Heimat, der Stadt, die aus einer kleinen Stadtgründung auf ostdeutschem Kolonialboden zur Hauptstadt des Dritten Reiches geworden ist«.

Der Festzug wurde vom Organisationsausschuss sorgfältig vorbereitet und veranschaulichte in seinem ersten Teil die Stadtgeschichte in szenischen Bildern. Im zweiten Teil stellten sich die Berliner Bezirke dar, die erst 17 Jahre zuvor eingemeindet worden waren und teilweise über eine ausgeprägte eigene Identität verfügten. In einem abschließenden, etwas kürzeren Teil präsentierte sich das nationalsozialistische Berlin der Gegenwart: Neben bunten Wagen der Industrie marschierten Hitlerjugend und Soldaten.

Für die Größe der Parade spielte die traditionelle deutsche Städtekonkurrenz eine wichtige Rolle, in diesem Fall die Rivalität mit München. Dort war im Juli 1937 mit einem beeindruckenden Festumzug der Tag der deutschen Kunst begangen worden. Der Organisationsausschuss im Roten Rathaus beschloss umgehend, dass »der Berliner Festzug dem Münchener Festzug – ohne Rücksicht auf Geld – nicht nachstehen« dürfe und dass »die Ausgestaltung des Berliner Festzuges möglichst pompös vorgenommen werden« solle. Der Zug legte schließlich eine Strecke von nicht weniger als zwanzig Kilometern zurück und zog überall in Berlin – trotz gelegentlicher Regenschauer – Tausende von Zuschauern an.

Der Festzug erreicht die Straße Unter den Linden. Die Aufnahme entstand vom Brandenburger Tor aus.

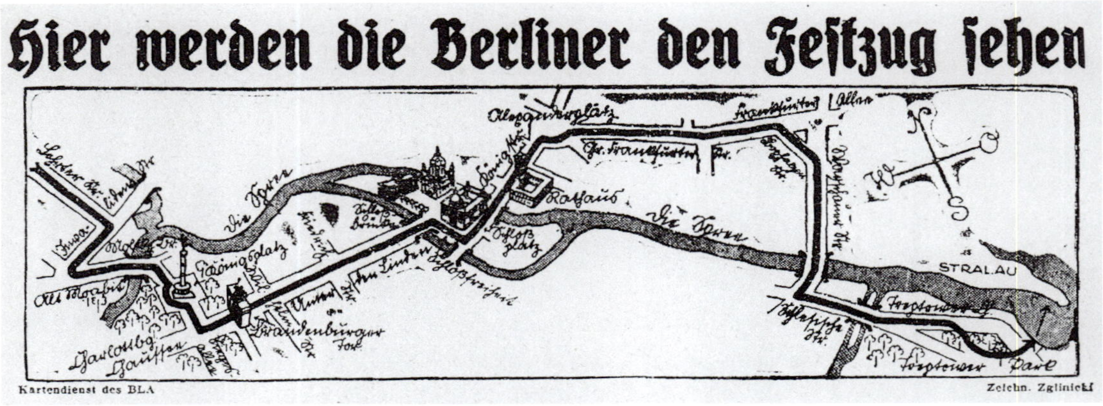

Die Strecke des Festzugs, abgedruckt im *Berliner Lokal-Anzeiger* (**Abb.↑**). Der Zug setzte sich am Lehrter Bahnhof in Bewegung und führte über Mitte, Friedrichshain (das damals »Horst Wessel« hieß) und Kreuzberg bis zur Festwiese in Treptow, wo anschließend das Volksfest des Stralauer Fischzugs eröffnet wurde. Die Parade zog noch weiter über die Spree nach Alt-Stralau, wo sie sich auflöste. Hier rollt der erste Pferde-Omnibus Berlins über die von Wehrmachtspionieren gelegte Brücke (**Abb.↑**). Überall auf der langen Strecke waren die Straßen gesäumt von Menschen, wie auf der Oberbaumbrücke zwischen Friedrichshain und Kreuzberg (**Abb.→**). Auf dem von Pferden gezogenen Wagen vorn wird eine überdimensionale Urkunde mit der Berliner Brauordnung von 1370 präsentiert, auf dem Wagen dahinter steht ein Modell des mittelalterlichen Spandauer Tores.

Auf der Tribüne vor dem geschmückten Roten Rathaus nimmt die Führung der Reichshauptstadt die Parade ab. Stadtpräsident Julius Lippert (vorne rechts) und Gauleiter Joseph Goebbels (neben ihm) schauen dem Festzug zu (**Abb. ↑**).

Goebbels notierte später in seinem Tagebuch: »Festzug. Zuerst etwas Regen. Dann strahlender Sonnenschein. Der Festzug ist etwas durcheinander und ohne jede Phantasie. 700 Jahre Berlin. Was hätte man daraus machen können! [...] Das Volk hat seinen Spaß an dem Festzug. Aber das genügt nicht. So etwas muß auch sonst hieb- und stichfest sein.«

Soldaten marschieren am Rathaus vorbei (**Abb. →**). Der dritte Teil des Festzuges präsentierte »das neue Berlin« nach 1933. Auch Parteigliederungen wie die SS-Leibstandarte des Führers reihten sich ein.

700

Das Festspiel im Olympiastadion

Anders als der Festzug durch die Stadt war das historische Festspiel im Olympiastadion ein Musterbeispiel nationalsozialistischer Massenchoreografie. In sieben Kapiteln wurde die Stadtgeschichte szenisch umgesetzt: vom Aufzug der Tempelritter über Lagerszenen aus dem Dreißigjährigen Krieg und das Aufgebot der Freiwilligen bei den preußischen Freiheitskriegen bis zum Zug der Regimenter des Ersten Weltkrieges. Kurze Rufe eines Herolds wechselten sich wirkungsvoll mit Chorgesang ab, turbulente Massenszenen mit Tänzen und feierlichen Paraden. Untermalt wurden diese Auftritte mit Opern-, Tanz- und Marschmusik oder auch mit bekannten Soldatenliedern. Trompetenfanfaren und Glockengeläute kündigten neue Szenen an, Scheinwerfer folgten den Bewegungen der Tänzer im Stadion und ließen ihre hellen Kostüme im nächtlichen Dunkel erstrahlen.

Im ausverkauften Olympiastadion verfolgten die Berliner gebannt die abwechslungsreichen Massenszenen. »Das Festspiel ist ein Spiel des Volkes für das Volk, Zehntausende spielen für Hunderttausende. Möge es alle zusammenschließen zu einer wahrhaft freudig bewegten und festlich erhobenen Gemeinschaft«, wünschte sich der Intendant Hanns Niedecken-Gebhard im Programmheft. Das Festspiel hatte einen solchen Erfolg, dass zusätzlich zu den drei geplanten Aufführungen noch drei weitere angesetzt wurden.

Die Schilderung eines Zeitgenossen spiegelt die Wirkung der alle Sinne ansprechenden Inszenierung: »Von den Marathontürmen erklangen Fanfaren; die Fahnen des Reichs und die Berliner Stadtflagge gingen hoch. Zu der Festmusik [...] zogen Heroldsgruppen des 13. bis 20. Jahrhunderts und Tempelritter ein. [...] Ein entsetzlicher Schrei ›die Pest!‹ läßt das Lagervolk auseinanderstieben. Dies war das am meisten packende und erschütternde Bild, unvergeßlich in seiner grausamen Wirklichkeitsnähe. [...] Aus dem Folgenden sei noch der ›Erntetanz nach altmärkischem Brauch‹ erwähnt und ›Der endlose Zug der Regimenter des Weltkrieges‹, eine ergreifende Vorführung und erschütternd, als das Lied vom guten Kameraden aus der Ferne dazu ertönte.«

Szene aus dem Festspiel »Berlin in sieben Jahrhunderten deutscher Geschichte« im Olympiastadion, 22. August 1937.

Plakat für die Reichswettkämpfe der SA im Olympiastadion (**Abb. ↑**). Zu Beginn der 700-Jahr-Feier bewarben sich 6 000 SA-Männer »aus allen Gauen Deutschlands« um die Teilnahme an den großen »SA-Kampfspielen« auf dem Nürnberger Reichsparteitag im September, wo »die Besten der ganzen deutschen SA vor dem Führer ihr Können, ihre Kraft und ihren unbändigen Willen zum Siege unter Beweis stellen dürfen« (*Berliner Lokal-Anzeiger*, 13. August 1937). So ging die paramilitärische Kampfkultur des »Dritten Reichs« nahtlos in die scheinbar unpolitische Feierlaune des Jubiläums über.

Plakat zum Festspiel im Olympiastadion (**Abb. ↑**). Das eineinhalbstündige Spektakel verschlang fast die Hälfte des Jubiläumsetats. Es wurde gemeinsam von Wehrmacht, Reichsarbeitsdienst, der Polizei und von Parteiorganisationen durchgeführt.

Im Schlussbild des Festspiels formierten sich Hunderte von Berliner Schulmädchen zu einem gigantischen Reichsadler mit Hakenkreuz (**Abb. ↗**).

Alt-Berlin und die moderne Stadt

Die 700-Jahr-Feier spiegelte in vielen Veranstaltungen das verbreitete Bedürfnis, das verschwundene alte Berlin wiederzubeleben. Diese Nostalgie war zwar älter als das »Dritte Reich«, blieb aber auch 1937 die Triebkraft vieler Inszenierungen. Zugleich jedoch feierte Berlin den technischen Fortschritt und die Bauprojekte der modernen Großstadt. Diese Spannung wurde greifbar in der Freigeländeschau »700 Jahre Berlin« am Messegelände. Vor den Kulissen der modernen Messehallen und des Funkturms gab es Alt-Berliner Nachbauten und folkloristische Darbietungen aus der ›guten alten Zeit‹ zu sehen. Im Terrassengarten wurden Tänze in historischen Kostümen und alte Handwerke vorgeführt. Ein in einem Pavillon eingerichtetes »Historisches Kabinett« gipfelte in einem großen Wandbild von Joseph Goebbels als »Eroberer von Berlin«.

Die Beschwörung des »alten Berlin« wurde geschickt mit der Hervorhebung der deutschen Wurzeln Berlins verwoben. Im Programmheft bemühte man sich, die populäre Legende vom slawischen Ursprung der Stadt zu korrigieren: »Glauben Sie nicht mehr, daß Berlin aus wendischen Fischerdörfern entstanden ist!«, hieß es dort. »Berlin ist von Anfang an eine bewußt deutsche Stadtgründung gewesen.« So wurde der deutsche Charakter der Reichshauptstadt betont. Die historische Festschrift enthielt ein ausführliches Kapitel zur germanischen Vorgeschichte im »Berliner Raum«.

Das Ausstellungsplakat war im Sommer 1937 überall in der Stadt zu sehen. Es vereint Berliner Wahrzeichen mit biedermeierlicher Idylle, während der 1926 erbaute Funkturm im Hintergrund für den technischen Fortschritt steht.

700 Jahre Berlin
FREIGELÄNDESCHAU AM FUNKTURM
14. AUG. - 12. SEPT.

Mühlendamm mit Notbrücke, um 1938 (**Abb. ↑**). Im Widerspruch zur Alt-Berlin-Nostalgie stand die tatsächlich durchgeführte Baupolitik. Noch Mitte der 1930er-Jahre ließ die Stadt Berlin zur Verbreiterung des Mühlendamms weite Teile des alten Zentrums abreißen, etwa am Molkenmarkt. Dieser Maßnahme fiel auch das Ephraim-Palais zum Opfer. Es wurde fünfzig Jahre später, um einige Meter versetzt, zur Ost-Berliner 750-Jahr-Feier wieder aufgebaut (vgl. S. 113).

Das Erinnerungsblatt, das Stadtpräsident Julius Lippert zur 700-Jahr-Feier drucken ließ, zeigt das alte Berliner Rathaus mit der Gerichtslaube (**Abb. ↑**). Das Gebäude hatte in den 1860er-Jahren dem Neubau des Roten Rathauses weichen müssen. Bezüge zum »Dritten Reich« fehlen auf diesem Blatt völlig.

Die Freigeländeschau »700 Jahre Berlin« (**Abb. →**). Erst im Frühjahr 1937 hatte hier am Messegelände die Reichsausstellung »Gebt mir vier Jahre Zeit« stattgefunden, organisiert von Goebbels und eröffnet von Hitler persönlich. Im Vergleich dazu nahm sich die Schau zur 700-Jahr-Feier der Stadt bescheiden aus.

Ausstellung

Volksfest, Kostüme und Rummel

Die 700-Jahr-Feier bot, gemäß der Tradition von Stadtjubiläen, neben den zentralen Festveranstaltungen auch zahlreiche Vergnügungen für das Volk. Darüber hinaus gab es am 17. August einen »Tag der Bezirke«, an dem sich die Stadtteile mit Konzerten, Heimatschauen und Straßenfesten beteiligen konnten – während der Organisationsausschuss aufmerksam über etwaige »separatistische« Tendenzen wachte. Am Folgetag nahmen viele Berliner in historischer Kleidung am »Lindenbummel« teil und sahen sich die »Kampfhandlungen der Pankgrafen« an. Diese kostümierten Ritter aus Wedding hatten den Berlinern in einem großen Spektakel die Fehde angesagt. So wurde die 700-Jahr-Feier auch ein fröhliches Kostümfest für die breite Bevölkerung.

Indem die Vergangenheit oft in vergnüglicher Form zum Leben erweckt und die »gute alte Zeit«, an die sich viele noch erinnern konnten, beschworen wurde, wuchs auch das Ansehen des Nationalsozialismus bei der Bevölkerung, hatte er diesen Stimmungswechsel doch ermöglicht und den Alptraum von Niederlage, Inflation, Straßenkampf und Anarchie beendet. Auf diese Weise trug die 700-Jahr-Feier zur Legitimation des »Dritten Reiches« bei.

Hinter der Fassade der Feierstimmung schritt indes die Entrechtung und Ausgrenzung der jüdischen Berliner weiter voran. Noch während der 700-Jahr-Feier, am 18. August, begann die Stadt, Straßenbänke mit der Aufschrift »Nur für Arier« aufzustellen.

Kostüme und gute Laune: ein Biedermeierpaar beim »historischen Lindenbummel« am 18. August 1937.

Zu den Festlichkeiten von 1937 gehörte auch der »Stralauer Fischzug«. Nach altem Brauch wurde bei diesem Volksfest anlässlich des ersten Fischfangs der Saison ein Teil des Fanges dem Pfarrer der kleinen Spree-Gemeinde überbracht und anschließend ein großes Fest veranstaltet. Nachdem dieses Fest Ende des 19. Jahrhunderts stets in Besäufnissen und Prügeleien geendet hatte und abgeschafft worden war, wurde der Stralauer Fischzug im »Dritten Reich« wiederbelebt, gar zum Berliner Sommerfest schlechthin ausgerufen. Stadtpräsident Lippert sah darin »ein bodengebundenes Volksfest«, das »in Anlehnung an die ehrwürdige Tradition« den »Heimatsinn« und die »Volksverbundenheit« stärken könne. 1937 wurde besonders groß gefeiert: Auf der Festwiese in Treptow, am Restaurant Zeller vor der heutigen Insel der Jugend, wurde ein Vergnügungspark aufgebaut (**Abb. ↑**). Eine Pontonbrücke verband die Spreeufer zwischen Alt-Stralau und Treptow. Eröffnet wurde der dreiwöchige Rummel mit der Ankunft der historischen Parade am 15. August. Rechts das Plakat zum Stralauer Fischzug von 1937.

STRALAUER
FISCHZUG
DAS BERLINER VOLKSFEST
DER 700
JAHRFEIER
15. AUGUST
-5. SEPTEMBER
HE MÜLLER

Die alte Konkurrenz unter den Berliner Bezirken fand auf humorvolle Weise Ausdruck in der »Pankgrafenschlacht«. Der alte »Geselligkeitsverein der Pankgrafen zu Berlin bey Wedding an der Panke« war nicht davon abzubringen, dass der Wedding älter sei als Berlin. Zwei Tage vor dem Fest marschierten die Pankgrafen in voller Montur zum Amtsgebäude des Bezirks Mitte und hängten dort einen riesigen Handschuh auf: Wedding erklärte Berlin die Fehde. In mittelalterlichen Kostümen, mit Hellebarden, Burgen aus Pappe und echtem Pulverdampf wurde am 18. August der Kampf auf der Schlossbrücke ausgetragen (**Abb. →**).

Die Berliner erwarten die Weddinger und haben sich am Schlossplatz verschanzt, am Galgen hängt eine Puppe, die einen Pankgrafen darstellt (**Abb. ↖**). Die Weddinger schlagen die Berliner in die Flucht und stürmen das Schloss (**Abb. ↑**) – um anschließend die große Versöhnung zu feiern.

Die Hauptstadt der DDR und die 750-Jahr-Feier 1987

Einführung

Ost-Berlin war eine geschundene Stadt. Der Sowjetsektor hatte lange Zeit im Schatten des legendenumwobenen West-Berlin gestanden und 1961 mit dem Bau der Mauer die Spaltung der Stadt besiegelt.

Doch seit den 1970er-Jahren erlebte die östliche Stadthälfte so etwas wie einen Aufschwung. Die zunehmende internationale Anerkennung der DDR und insbesondere das Viermächteabkommen über Berlin im Jahr 1971 hatten ihr Ansehen gesteigert. In der Ära Honecker (1971–1989) richtete sich Ost-Berlin in seiner Rolle als »Hauptstadt der DDR« ein, die die Westmächte indes nicht anerkannten. Die rechtlich umstrittene Situation führte zu einer nahezu obsessiven Empfindlichkeit in Statusfragen. So führte Ost-Berlin seine Funktion stets im Namen mit: »Berlin, Hauptstadt der DDR«.

Berlin war in jeder Hinsicht das Zentrum der DDR. Hier errichtete der Staatssozialismus seine Monumente und Prunkbauten. Hier residierten die Staats- und die Parteiführung, die Ministerien und die Verwaltungen. Hier gab es die höchste Konzentration an SED-Mitgliedern, doch hierher zog es auch die Kreativen, die Abenteurer und später die Aussteiger. In Berlin war der Westen ganz nah, es bot großstädtische Anonymität und zeigte das realsozialistische Leben in all seiner Widersprüchlichkeit.

Offiziell wurde Berlin von Oberbürgermeister, Magistrat und Stadtverordnetenversammlung regiert, doch die tagespolitischen Entscheidungen wurden in der SED-Bezirksleitung getroffen. Häufig griff die Staatsführung auch selbst ein; so verabschiedete das Politbüro 1976 den millionenschweren »Hauptstadtbeschluss«, in dem verfügt wurde, Ost-Berlin planmäßig zur »sozialistischen Metropole« auszubauen. Auch wenn dabei der Wohnungsbau im Vordergrund stand, diente diese Vorgabe bis zum Ende der DDR als Rechtfertigung für Bemühungen auch auf anderen Feldern, Berlin zu einem Aushängeschild des deutschen Sozialismus zu machen, zum »Schaufenster des Ostens«.

Um 1980 kam das anstehende Stadtjubiläum auf die Agenda und wurde sofort als Staatsereignis eingestuft. Politbüromitglied Kurt Hager erklärte 1981, das Jubiläum könne erstens »einen wesentlichen Beitrag bei der Festigung des sozialistischen Heimat- und Nationalbewusstseins der Bürger der DDR leisten«, zweitens »das internationale Ansehen Berlins als sozialistische Metropole stärken« und schließlich »imperialistische Konzeptionen von einer ›Gesamtberliner Geschichte‹ bzw. vom ›Offenhalten der deutschen Frage‹ wirksam zerschlagen helfen«. Damit war eines von vornherein klar: Man würde 1987 auf gar keinen Fall mit West-Berlin zusammen feiern. Die Zeichen standen auf Abgrenzung.

In den 1980er-Jahren allerdings geriet die DDR in eine Phase der Stagnation, in erster Linie wirtschaftlich, aber auch politisch. In allen Bereichen wuchs der Rückstand gegenüber der Bundesrepublik. Der notwendige Generationswechsel kam nicht zustande, die Zahl der Ausreiseanträge stieg, und es entwickelten sich, vor allem in der Hauptstadt und unter dem Dach der Kirche, oppositionelle Kräfte. Es wurde immer offensichtlicher, dass Konzepte für die Zukunft fehlten.

Zwar stützte die Bundesrepublik die DDR mit Milliardenkrediten, hielt jedoch zugleich an der Einheit der Nation fest. Notgedrungen verkündete die SED schließlich eine »Koalition der Vernunft« von Ost und West. Die Verteidigung des Status quo wurde zum Kern ihrer Außenpolitik. Westliche Versuche, die Mauer »durchlässiger« zu machen und die Teilung zu überwinden, wies Honecker scharf zurück: Wer die »Realitäten« nicht anerkenne, riskiere den Atomkrieg. Ost-Berlin berief sich nun auf seinen 1979 vom Weltfriedensrat verliehenen Ehrentitel »Stadt des Friedens«. 1987 feierte Honecker mit seinem offiziellen Besuch in Bonn einen großen diplomatischen Triumph – der DDR-Chef galt nun als Staatsmann und manchen sogar als Friedensbotschafter.

Im Berliner Jubiläumsjahr inszenierte sich die DDR als stabiles und prosperierendes Land. Doch die mühsam aufrechterhaltene Fassade zeigte bereits deutliche Risse.

Abb. S. 42: Historischer Festumzug im Zentrum der DDR-Hauptstadt, 4. Juli 1987

Staatsfest statt Stadtfest

Anders als im »Dritten Reich« wurde das Berlinjubiläum in der DDR als Staatsfest begangen. Dadurch konnte die 750-Jahr-Feier gewaltige Dimensionen annehmen, was noch zusätzlich angetrieben wurde von der direkten Konkurrenz zu West-Berlin. Im Laufe der Vorbereitungszeit weitete sich der Umfang der Programme und Kosten explosionsartig aus, übrigens in beiden Teilen der Stadt.

In der DDR stand Staats- und Parteichef Erich Honecker selbst dem Vorbereitungskomitee vor, das im Februar 1985 gegründet wurde und dem, wie er betonte, nicht weniger als »169 Persönlichkeiten aus allen Bereichen des gesellschaftlichen Lebens unserer Republik« angehörten. Die eigentlichen Weichenstellungen wurden hinter den Kulissen im Zentralkomitee der SED vorgenommen und vom Politbüro bestätigt, während die Berliner Stadtverwaltung eher ausführende Aufgaben übernahm.

Ost-Berlin inszenierte die Eröffnung des Jubiläums gleich zu Jahresanfang mit viel Glanz im renovierten Konzerthaus am Platz der Akademie (heute Gendarmenmarkt). Auch ein internationales Bürgermeistertreffen und eine Tagung der sozialistischen Bruderstaaten in Berlin wurden anberaumt. Der Geburtstag selbst wurde im Oktober mit einem Staatsakt im Palast der Republik gefeiert.

Wegen der großen politischen Bedeutung der 750-Jahr-Feier wurden viele Ressourcen für Berlin bereitgestellt, etwa für den Wohnungsbau und die Pflege des Stadtbildes. Doch war der hohe Rang, der dem Fest staatlicherseits zuerkannt wurde, auch eine Belastung, denn dadurch blieb wenig Raum für die Betonung einer eigenständigen Berliner Identität. Zudem wuchs überall im Land der Ärger auf die Hauptstadt, die so offensichtlich bevorzugt wurde.

Zur Konstituierung des »Komitees der Deutschen Demokratischen Republik zum 750-jährigen Bestehen von Berlin« am 7. Februar 1985 präsentierte die Staatsführung neue Baupläne für die Hauptstadt. Erich Honecker (in der Bildmitte) besichtigt mit weiteren Komiteemitgliedern ein Modell des Ernst-Thälmann-Parks in Prenzlauer Berg.

Ein Konzert im Schauspielhaus gleich am 1. Januar bildete den Auftakt des Jubiläumsjahres (**Abb. ↖**). Der damalige Platz der Akademie (heute Gendarmenmarkt) war erst in den Jahren zuvor wiederaufgebaut worden. Die West-Berliner *Morgenpost* sprach von einer »perfekt inszenierten sozialistischen Unterhaltungs-Show. Sie gab einen Vorgeschmack darauf, wie die ›DDR‹ den 750. Geburtstag Berlins feiern will: mit staatlichem Pomp, Glanz und Gloria.«

Am 23. Oktober 1987 veranstaltete die DDR einen Staatsakt im Palast der Republik (**Abb. ↗**). Erich Honecker zeichnete in seiner Festansprache das Bild einer offenen, friedlichen und lebensfreudigen Stadt: »Mit dem heutigen Staatsakt finden die Feierlichkeiten zum 750-jährigen Jubiläum Berlins ihren Höhepunkt. […] Während der zurückliegenden Monate war besonders eindrucksvoll zu spüren, wie kraftvoll der Puls des Lebens in unserem Lande schlägt. Berlin, die Stadt des Friedens, erwies sich als weltoffener Ort der Begegnung, des Dialogs und der Zusammenarbeit, als Anziehungspunkt für namhafte Künstler und Ensembles der internationalen Kultur.«

Die untergeordnete Bedeutung der Stadtverwaltung zeigte sich auch in der Choreografie des großen Festzuges am 4. Juli 1987. Auf der Haupttribüne nahm die gesamte Staatsführung den Festzug ab. Der relativ unbekannte Ost-Berliner Oberbürgermeister Erhard Krack marschierte zunächst an der Spitze des Zuges mit (**Abb. →**), um schließlich vor der Tribüne Halt zu machen, Honecker Blumen zu überreichen und dann neben ihm Platz zu nehmen. Damit gliederte sich Berlin symbolisch in die DDR ein. Zum Vergleich: 1937 war der Stadtpräsident selbst durch Geschenke von Teilnehmern des Festzuges geehrt worden.

Im Jubiläumsjahr demonstrierte Ost-Berlin seine Verbundenheit mit den sozialistischen Bruderländern. Am 29. Mai hielten die Staaten des Warschauer Paktes ihr jährliches Treffen in Berlin ab (**Abb. ↑**). V.l.n.r.: Gustáv Husák (Tschechoslowakei), Todor Schiwkow (Bulgarien), Erich Honecker (DDR), Michail Gorbatschow (Sowjetunion), Nicolae Ceaușescu (Rumänien), Wojciech Jaruzelski (Polen) und János Kádár (Ungarn).

Hinter den Fassaden und glanzvollen Inszenierungen der 750-Jahr-Feier kühlten die Beziehungen zwischen Ost-Berlin und Moskau erheblich ab. Der neue Generalsekretär der KPdSU, Michail Gorbatschow, war seit seinem Amtsantritt 1985 für viele Menschen zum Hoffnungsträger geworden, im Osten wie im Westen. Mit den Schlagwörtern »Glasnost« (Offenheit) und »Perestroika« (Umgestaltung) verwies er auf notwendige Reformen in der Sowjetunion wie im gesamten Ostblock. Am 29. Mai 1987 wurde er bei seiner Ankunft vor dem Roten Rathaus von vielen Ost-Berlinern bejubelt (**Abb. →**).

Doch die SED-Spitze verstand diese Reformbestrebungen, wohl zu Recht, als eine Bedrohung der eigenen Herrschaft. Wo jahrzehntelang die Parole »Von der Sowjetunion lernen, heißt siegen lernen« galt, ging Ost-Berlin ausgerechnet jetzt auf Distanz.

Diese starre Haltung wurde deutlich in einem Interview des westdeutschen Magazins *Stern* mit SED-Politbüromitglied Kurt Hager, veröffentlicht am 9. April 1987 (und am 10. April im SED-Parteiblatt *Neues Deutschland*). Darin erteilte Hager Gorbatschows Reformbestrebungen eine unerwartet klare Absage, die in seinem Bild vom Tapetenwechsel gipfelte: »Würden Sie, nebenbei gesagt, wenn Ihr Nachbar seine Wohnung neu tapeziert, sich verpflichtet fühlen, Ihre Wohnung ebenfalls neu zu tapezieren?« Die Empörung in der DDR war groß, und sie reichte bis weit in die SED hinein. Für viele Ostdeutsche machte das Interview alle Hoffnungen auf Reformen mit einem Schlag zunichte. Die Resignation in der DDR-Bevölkerung wuchs.

Der große historische Festzug

Unbestrittener Höhepunkt der 750-Jahr-Feier war der große historische Festzug, der am 4. Juli 1987 bei strahlendem Sonnenschein durch die Magistralen der Hauptstadt rollte. Im Vergleich zu 1937 war die Strecke von Unter den Linden bis zur Karl-Marx-Allee zwar kurz, die Zahl der Mitwirkenden mit 40 000 Menschen dafür aber fast zehn Mal so hoch. Der Zug umfasste 291 Bildfolgen und dauerte volle fünf Stunden.

Es kostete die kriselnde DDR erhebliche Energien, um dieses Wagnis »störungsfrei« über die Bühne zu bekommen. Der Platz um die Haupttribüne an der Karl-Liebknecht-Straße war weiträumig abgeriegelt und mit ausgewähltem Publikum besetzt. Die Beamten der Staatssicherheit befanden sich im Großeinsatz.

Doch der Tag wurde ein großer Erfolg. Der Festzug überraschte Freund und Feind mit seiner ideenreichen Ausstattung. Ganz anders als die üblichen sozialistischen Aufmärsche verströmte er Lockerheit und echte Volksfeststimmung – darüber waren sich Informanten des ostdeutschen Geheimdienstes und westdeutsche Journalisten einig.

Inhaltlich orientierte sich der Zug an den »Thesen 750 Jahre Berlin«, einer parteioffiziellen Kurzdarstellung der Berliner Geschichte, die als Leitfaden für alle historisch ausgerichteten Veranstaltungen des Jubiläums diente. Damit sorgte Ost-Berlin für ein einheitliches Geschichtsbild, das auf Klassenkämpfe und den gesetzmäßigen Fortschritt zum Sozialismus abhob. Dabei nahm man die Zeit nach 1949, beschränkt auf Ost-Berlin, mindestens eben so wichtig wie die 700-jährige Geschichte zuvor: Die DDR galt offiziell als Höhepunkt und Erfüllung der Berliner Stadtgeschichte.

Festzugsfolge »Die Arbeiterklasse formiert sich«, im Hintergrund der Palast der Republik.

Bergmann-Elektricitäts-Werke A.G.

Die unerwartet lebendige Geschichtsvermittlung im Festzug, wie etwa beim Barrikadenkampf von 1848 (**Abb. ↑**), beeindruckte 1987 viele Zuschauer. Der Stil ging zum Teil auf Honecker selbst zurück, der noch im März 1987 angeregt hatte, dass vor allem »Wert auf Attraktivität, auf Lebensfreude und Spaß« gelegt werden sollte. Es müsse »nicht alleine und in erster Linie darum gehen, einen akribischen historischen Bilderbogen anhand der Thesen ›750 Jahre Berlin‹ zu inszenieren«. Während die Inhalte an der Parteischrift orientiert blieben, sollte die Gestaltung des Zuges so fantasievoll wie möglich ausfallen. Derartige Entspanntheit, zumal in historischen Fragen, war in der DDR ungewöhnlich. »Bei alledem hatten wir nicht nur den Westen im Blick,« erinnerte sich zwanzig Jahre später Politbüromitglied Günter Schabowski. »Es sollte auch eine Art Demonstration sein, dass wir ›sozialistische Lockerheit‹ gegen den suspekten Reformismus Gorbatschows zu setzen gedachten.«

Was als spontanes Festival erschien, stand in Wirklichkeit unter strengster Überwachung. Auf jedem Wagen fuhr ein Stasimitarbeiter mit, vor allem um zu verhindern, »dass in subversiver Absicht unter der Tarnung von Kostümen Schriftgut verteilt« wurde.

Der Festzug sparte die sensiblen Kapitel der Berliner Geschichte nicht aus. Das galt beispielsweise für die ›Befreiung‹ 1945 durch die Rote Armee, die viele ältere Berliner mit schrecklichen Erfahrungen verbanden (**Abb. ↑**). Sogar die Berliner Mauer kam im Festzug vor. In der Bildfolge »13. August – wir schützen zuverlässig die Grenzen der Republik und den Frieden« rollte das zugemauerte und von Veteranen überwachte Brandenburger Tor im Zug mit (**Abb. →**). Erich Honecker (links im Hintergrund) ballt kämpferisch seine Faust in Richtung der Veteranen. Er hatte 1961 die vom damaligen DDR-Chef Walter Ulbricht beschlossene Abriegelung der Sektorengrenze geleitet.

Überdurchschnittlich viele Zeitungsberichte und Zeitzeugen erwähnen die beiden barbusigen Mädchen, die im Festzug dabei waren (**Abb. ↖**). Es war das erste Mal, dass sich der sozialistische Staat in einer offiziellen Veranstaltung derartig freizügig zeigte.

Pikant in ganz anderem Sinne war die Beteiligung der Bezirke am Berliner Festzug. Um Harmonie zu demonstrieren, hatten alle Regionen der DDR ihren Beitrag zum Fest der ohnehin schon bevorzugten Hauptstadt zu leisten und die Kosten für ihre Wagen überdies selbst zu tragen. Von den Spannungen zwischen Zentrum und Provinz wusste 1987 jeder, der die Wagen aus Leipzig, Schwerin oder Frankfurt an der Oder vorbeirollen sah (**Abb. ↗**).

Die Strecke des Festzuges war auch jenseits der Haupttribüne von Zuschauern gesäumt, wie hier am Strausberger Platz (**Abb. →**). Der Selbstdarstellung des sozialistischen Berlins wurde sehr viel mehr Platz eingeräumt als dem historischen Teil der Parade: Während die 700-jährige Stadtgeschichte bis 1945 in knapp hundert Bildfolgen gefasst wurde, widmeten sich fast 200 Bilder dem Aufstieg der sozialistischen Metropole seit 1945. Alle möglichen Organisationen, Verbände und Institutionen bekamen hier ihren Auftritt: von den Volkseigenen Betrieben und den Theatern über die Nationale Volksarmee und den Palast der Republik bis hin zur Freiwilligen Feuerwehr. Allerlei Artisten führten ihre Kunststücke vor und auch ein rosaroter Elefant rollte mit.

Ein Thema der Nachkriegsgeschichte fehlte in Ost-Berlin jedoch völlig, und das war West-Berlin. Weder in den Geschichtsdarstellungen noch in den Festveranstaltungen wurde auf die Entwicklung im Westteil eingegangen – wie selbstverständlich verengte sich die Berliner Stadtgeschichte ab 1949, dem Gründungsjahr der DDR, auf die östliche Hälfte.

HAUS DES KINDES

Ost-Berlin und Alt-Berlin

In den 1970er-Jahren hatte sich die DDR-Spitze zum Ziel gesetzt, Ost-Berlin zu einer stolzen »sozialistischen Metropole« mit Hauptstadtflair auszubauen. Auch die preußische Architektur sollte der Hauptstadt nun zu Glanz verhelfen. Am Platz der Akademie (dem heutigen Gendarmenmarkt), der lange eine imposante Ruinenlandschaft gewesen war, wurden zwischen 1978 und 1987 das Schauspielhaus, der Französische Dom und der Deutsche Dom wieder aufgebaut. Ebenso überraschend war die Wiedererstehung des Nikolaiviertels, Berlins Geburtsstätte. Die symbolische Schlüsselübergabe für die Nikolaikirche erfolgte pünktlich zum Jubiläum am 14. Mai 1987 und stattete Ost-Berlin mit einer historischen Kulisse aus, die im Realsozialismus durchaus spektakulär war. Sie unterstrich zudem, dass die Wurzeln der Stadt diesseits der Mauer lagen und nicht drüben, in West-Berlin.

Zugleich setzte man den Wohnungsbau am Stadtrand fort: In Hohenschönhausen, Hellersdorf und Marzahn wurden bis 1987 neue Plattenbauten errichtet. Im Stadtzentrum besserte man mehrere heruntergekommene Altbauten aus. Einige Straßenzüge in Prenzlauer Berg wurden gar als Vorzeigeprojekt aufwendig restauriert.

Diese Schaufensterpolitik kostete die späte DDR aber erhebliche Kraftanstrengungen und band für viele Jahren wertvolle Kapazitäten an die Hauptstadt. Um einige Straßenzüge glänzen zu lassen, ließ man die ruinösen Innenstädte anderer Bezirke weiter verfallen. Bauarbeiter aus der gesamten Republik wurden nach Berlin beordert, was den Unmut über das Jubiläum landesweit verstärkte. So kam es, dass auf Berlins Straßen Zementlaster aus anderen Bezirken der DDR mit Aufschriften wie »1026 Jahre Halle« fuhren.

DDR-Idylle in der renovierten Husemannstraße in Prenzlauer Berg, 1987. Die wenigen schönen Fassaden konnten den wahren Zustand der ostdeutschen Innenstädte kaum verdecken. Die unflexible Planwirtschaft war auf diffizile Restaurierungsarbeiten nicht eingestellt und lieferte zudem schlechte Qualität: Der Putz kam teilweise schon Anfang der 1990er-Jahre wieder herunter.

RESTAURATION
RESTAURATION

Zum Stadtjubiläum ließ die Hauptstadt der DDR das Nikolaiviertel, Berlins Geburtsstätte, wiedererstehen. Die weitgehend zerstörte Nikolaikirche (**Abb. ↑**) wurde ab 1981 detailgetreu wiederaufgebaut, und um sie herum entstand auch Alt-Berlin von Neuem – zwar in moderner Plattenbauweise, aber orientiert an den historischen Fassaden und Grundrissen (**Abb. ↗**).

Die Wiedererrichtung des mittelalterlichen Berlins war baupolitisch eine Überraschung. Noch Anfang der 1970er-Jahre hatte man das im Krieg beschädigte »alte Berlin« auf der Fischerinsel flächendeckend abgerissen, um sechs modernen Wohntürmen Platz zu verschaffen. Ähnlich hätte man mit dem Nikolaiviertel verfahren können, doch zehn Jahre später entschied sich die DDR für seinen Wiederaufbau.

Bis in die 1970er-Jahre hinein hatte die SED das Gesicht Berlins mit modernen Großbauten wie dem Fernsehturm, dem Interhotel oder dem Palast der Republik geprägt. In den 1980er-Jahren dagegen entdeckte die Hauptstadt ihre Vergangenheit wieder. Mit dem Nikolaiviertel schuf Ost-Berlin eine kleine heile Welt für zufriedene sozialistische Bürger. Auf weniger als einem halben Quadratkilometer gab es dort neben 800 neuen Wohnungen verschiedene Museen, kleine Läden sowie die höchste Konzentration an Kneipen und Restaurants im Land. Unter dem Schriftzug »Stadt des Friedens« konnten DDR-Bürger hier beim Einkaufsbummel und Terrassenbesuch für kurze Zeit den Alltag hinter sich lassen (**Abb. →**). Der Ort wirkte in der späten DDR wie eine Insel, böse Zungen witzelten über »Honis Disneyland«.

Backwaren
Schokolade
Café

Brot und Spiele

Zum Berlinjubiläum glänzte die Hauptstadt der DDR mit vollen Schaufenstern und einem großartigen Kulturangebot. Eine Reihe von Geschichts- und Kunstausstellungen wurde eröffnet, und das ganze Jahr hindurch fanden Konzerte und Theateraufführungen statt.

Eine besondere Attraktion waren einige größere Rockkonzerte für die Jugend, darunter erstmals Konzerte unter freiem Himmel. Zudem war es das erste Mal, dass große internationale Stars nach Ost-Berlin kamen. Die SED versuchte mit dieser Strategie, verlorenes Terrain zurückzugewinnen. Wie groß die Kluft zwischen ihr und den Jugendlichen jedoch war, zeigte sich Anfang Juni 1987, als Ost-Berliner Rockfans östlich des Brandenburger Tors ein westliches Konzert mithören wollten, was in gewalttätigen Auseinandersetzungen mit der Volkspolizei endete (s. S. 104 ff).

Zur 750-Jahr-Feier spielten dann unter anderem Peter Maffay und Shakin Stevens in Ost-Berlin. Solche Konzerte waren restlos ausverkauft. Legendär wurde der Auftritt von Carlos Santana im Palast der Republik, nicht nur wegen der Musik, sondern auch wegen der undurchsichtigen Verteilung der Karten. Es gab tagelang Warteschlangen, hohe Kontingente für die FDJ und Rangeleien am Eingang; die Stimmung in der Zielgruppe wurde so nicht besser. Später im Sommer gab die englische Rockgruppe Barclay James Harvest das erste Open-Air-Konzert der DDR im Treptower Park. Höhepunkt der Musikveranstaltungen war ein kurzfristig von West- nach Ost-Berlin verlegter Auftritt von Bob Dylan und Tom Petty, die am 17. September in Treptow vor über 80 000 Ost-Berlinern spielten.

Carlos Santana im Palast der Republik, 5. und 6. April 1987

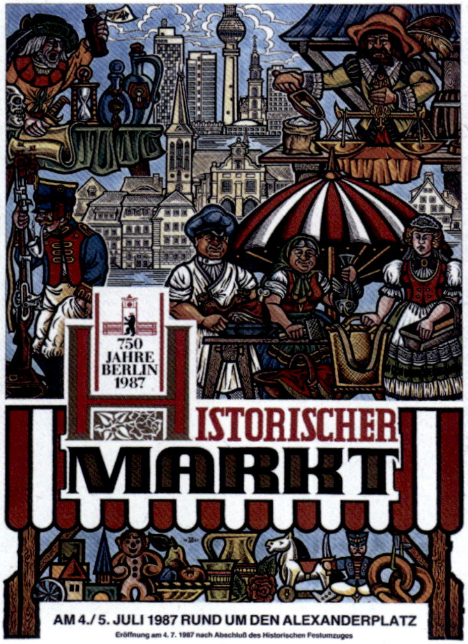

An den Festzug schloss sich ein zweitägiger Historischer Markt zwischen Alexanderplatz und Jannowitzbrücke an. Wie im *Neuen Deutschland* zu lesen war, gestalteten ihn »Handwerker, Gewerbetreibende und Kleingärtner, die im Sozialismus eine gesicherte Existenz haben und ideenreich zur Versorgung der Bevölkerung beitragen«. Die *Neue Zeit* berichtete vom nächsten Tag: »Punkt 10 Uhr öffnete der Markt seinen Zaun: Gleich an der Pforte grüßten Schottenschulle und Stelzenläufer die Menge, die auf Einlaß nur gewartet hatte. Sie strömte gleich zum Eier-, Molken-, Fleisch-, Blumen-, Topf-, Woll-, Kleintier- und Gemüsemarkt. Überall war die Ware hübsch drapiert, und wo es sein muß, tau- und ofenfrisch.« Das Warenangebot der über 180 Stände, Kioske und Buden lockte Bürger aus der ganzen DDR nach Berlin.

Die Untergrundpresse stand dem Berlin-Spektakel dagegen skeptisch gegenüber. Die *Umweltblätter* kommentierten es im Juni 1987 so: »Das Märchen von der ungeheuren Warenfülle in Berlin, das in der DDR kolportiert wird, entspricht ja nicht den Realitäten. Es gibt ausreichend Fleisch und immerhin mehr Obst und Gemüse als früher, aber beileibe nichts in Überfülle. Was darüber hinaus jetzt in Berlin an ›Brot und Spielen‹ aufgeboten wird, reißt auch niemand vom Hocker. […] Den DDR-Bürgern freilich gehen angesichts leerer Regale bei sich zu Hause die Augen über, wenn sie nach Berlin kommen.«

Hinter der Fassade

Jenseits der offiziellen Berlin-Inszenierungen konnte die Opposition gegen das SED-Regime 1987 einige größere Erfolge verbuchen. Sie gewann vor allem an Präsenz. Demonstranten zeigten bei den offiziellen 1.-Mai-Kundgebungen zahlreiche Gorbatschow-Bilder. Zu Pfingsten kam es bei Rockkonzerten an der Mauer zu Unruhen in Ost-Berlin. Ende Juni fand ein kritischer »Kirchentag von unten« statt. Im September zog gar eine erste genehmigte Demonstration von oppositionellen Gruppen durch Berlin. Als das Ministerium für Staatssicherheit im November die Zeit zurückdrehen wollte und in die Umweltbibliothek eindrang, musste es sich auch unter dem Druck westlicher Medien wieder zurückziehen (s. S. 110). Auch wenn die Krise der DDR, die 1989 zur Friedlichen Revolution führen sollte, 1987 noch völlig undenkbar war, stärkten diese Ereignisse das Selbstbewusstsein und die öffentliche Bekanntheit unabhängiger Gruppen.

Nicht selten mischte sich 1987 in den Protest der Opposition Kritik an dem pompösen Berlinjubiläum. Zudem setzte die alternative Szene der Staatspropaganda eigene Berlin-Bilder entgegen. So initiierten beispielsweise der Fotograf Harald Hauswald und der Autor Lutz Rathenow im Mai 1987 in der Galerie der halblegalen Umweltbibliothek eine Fotoausstellung unter dem Titel »Ostberlin – Die andere Seite einer Stadt«. Ihr Projekt dokumentierte Aussteiger, Alltag und Jugendkulturen der Hauptstadt und wurde über die DDR hinaus bekannt. Hauswalds Bilder wurden auch im Westen publiziert, unter anderem in der Zeitschrift GEO, die 1986 mit einer Sonderausgabe zu den Szenen in West- und Ost-Berlin herauskam.

Schlange vor einer Diskothek in der Schönhauser Allee, Ost-Berlin, 1986. Aus der Ausstellung »Ost-Berlin – Die andere Seite einer Stadt« von Harald Hauswald.

Schönhauser Allee
TAN

Die Galerie der Umweltbibliothek in der Zionskirche wirbt für die Ausstellung »Ost-Berlin – Die andere Seite einer Stadt« mit Bildern von Harald Hauswald (**Abb. ↑**).

Viele Demonstranten zeigten 1987 bei der offiziellen Maidemonstration Gorbatschow-Plakate (**Abb. ↗**). Während Gorbatschow-Porträts erlaubt waren, galten seine Slogans »Glasnost« und »Perestroika« als politische Kritik an der SED. Bezeichnenderweise entfernten Stasimitarbeiter am 1. Mai ein großes Spruchband »Von der Sowjetunion lernen, heißt siegen lernen« von einem Haus in der Schönhauser Allee.

Im Rahmen des Jubiläums fand 1987 erstmals der Evangelische Kirchentag in Ost-Berlin statt. Die Kirchenleitung hatte dies nur durchsetzen können, indem sie einen staatsnäheren Kurs als üblich einschlug, was viele kritische Basisgruppen frustrierte. Als parallele Gegenveranstaltung erfanden sie den »Kirchentag von unten« (KvU), dem die Kirchenleitung nur unwillig Räumlichkeiten in der Pfingstkirche am Petersburger Platz bereitstellte. Der Besucheransturm übertraf mit ca. 6 000 Interessierten alle Erwartungen. Künstler und Basisgruppen stellten ihre Arbeiten vor, und in Gesprächsrunden wurden kritische Themen diskutiert. In »Fliegenden Papieren« wurde unter anderem dagegen protestiert, »dass die Evangelische Kirche in Berlin in dem lächerlichen Reigen um die 750-Jahr-Feierlichkeiten Berlin mittanzt. Es gibt doch wirklich genug Probleme, für die Ihr Eure Energie verwenden solltet«. Auf der Abschlussveranstaltung des offiziellen Kirchentages in der Wuhlheide demonstrierten KvU-Teilnehmer mit Transparenten wie »Glasnost in Staat und Kirche«, »Für einen zivilen Ersatzdienst« und »Für mehr Christlichkeit, Demokratie und Menschenrechte« (**Abb. →**). Auch wenn die Losungen heute relativ bescheiden wirken, war ihre öffentliche Präsentation bei offiziellen Veranstaltungen 1987 bahnbrechend.

Am Abend des 5. September 1987 kam es in Prenzlauer Berg zur ersten legalen Demonstration der Opposition. Beim internationalen Olof-Palme-Friedensmarsch sollte des 1986 ermordeten schwe-

Kirche von Unten
für einen

dischen Premierministers gedacht werden, der einen atomwaffenfreien Korridor zwischen Ost- und West-Europa vorgeschlagen hatte. Weil Honecker damals auf Staatsbesuch in Bonn war und dringend Wirtschaftskredite brauchte, hatte sich der Staat tolerant gezeigt und den Marsch erlaubt. So zogen am 5. September, im Halbdunkel und von Stasibeamten mit Argusaugen verfolgt, ca. 1000 Demonstranten mit pazifistischen Losungen von der Zionskirche zur Gethsemanekirche. Dieser Erfolg beflügelte die Opposition, blieb aber einmalig. Später im Herbst, nach Honeckers Rückkehr, ging das Ministerium für Staatssicherheit wieder zur harten Linie über.

Über Berlin zu lästern wurde 1987 in der Region fast zu einer patriotischen Bürgerpflicht. »Für Berlin das Beste, für die Republik die Reste« war überall zu hören. Zahllose Witze kursierten: »Kann man ohne Ekel bis 1000 zählen? Nein, man muss an den 750 vorbei.« »Das Versorgungsproblem im Sozialismus ist gelöst: Wir schaffen alles nach Berlin, und dort holt sich jeder ab, was er braucht.« »Was bedeuten die EDV-Schilder am Stadtrand Berlins? Ende der Versorgungszone.« Autoaufkleber und Signets wie »781 Jahre Dresden« und »821 Jahre Leipzig« wurden vom Staat heuchlerisch zu Zeichen sozialistischer Heimatliebe umgedeutet (**Abb. ↖, ↑**). Es gab aber auch passiven Widerstand – so verweigerten 70 Dresdener LKW-Fahrer den Transport von Gurken nach Berlin unter Verweis auf die leeren Regale in Dresden. Schließlich fuhr die Bereitschaftspolizei die Gurken in die Hauptstadt. Nicht selten endete der Berlin-Hass in Vandalismus: Mehrfach wurden im Umland Berliner Autos beschädigt oder mit Farbe beschmiert (»Ärsche 750«). Die Anti-Berlin-Welle irritierte sogar die oppositionellen (Berliner) *Umweltblätter*: »Traurig nur, daß unsere lieben Deutschen nicht zur Differenzierung in der Lage sind und die einfachen Berliner das ausbaden dürfen, was die eigenartige Innenpolitik verbockt hat.«

Beim Karneval in Wasungen (Thüringen) 1987 machten die Teilnehmer ihrem Ärger über die Bevorzugung der Hauptstadt Luft (**Abb. →**).

42
750 Jahre Berlin !
Wir bringen nur das Beste hin

B
T
E
Z

West-Berlin und die 750-Jahr-Feier 1987

Einführung

Mitte der 1980er-Jahre war West-Berlin einer der merkwürdigsten Orte Europas. Seit fast vierzig Jahren hatte die halbe Metropole nun schon überlebt, eingemauert und doch frei, eine Enklave in feindlichem Land. Durch das Berlinabkommen 1971 hatte sich ihre exponierte geografische Lage zwar inzwischen stabilisiert. Doch diese Normalisierung stellte auch den Sinn der Position mitten im sozialistischen Osten grundsätzlich in Frage: Mit der Zementierung der Teilung schien die Enklave ihre Rolle als »Pfand der Einheit« eingebüßt zu haben. West-Berlin sei das »Abfallprodukt einer gescheiterten Politik«, schrieb ein Journalist 1987 lakonisch, »ein zweckloses Gebilde«. Wozu war West-Berlin eigentlich noch da?

Zudem zeigten sich ausgerechnet im »Schaufenster des Westens« unübersehbar die Schattenseiten des liberalen Gesellschaftsmodells. Allerlei Affären lädierten nachhaltig die öffentliche Kultur und den Ruf Berlins. 1981 war die Insel durch Hausbesetzerkrawalle, Baukorruption und politische Skandale fast unregierbar geworden – es gab in diesem Jahr nicht weniger als drei Regierende Bürgermeister. Richard von Weizsäcker (CDU) verhalf West-Berlin in seiner kurzen Regierungszeit (1981–1984) zwar wieder zu Glanz, doch auch er vermochte die Provinzialität kaum zu überdecken. Die Metropole war vollständig abhängig von bundesdeutschen Subventionen, und nur der aufgeblähte öffentliche Dienst garantierte ein gewisses Maß an Beschäftigung. Skeptiker erkannten im »freien Berlin« nunmehr selbst staatswirtschaftliche Züge.

Auch deutschlandpolitisch war die Position West-Berlins geschwächt, wenn nicht sogar hinfällig geworden. Seit den Verträgen der frühen 1970er-Jahre redeten Bonn und Ost-Berlin offiziell miteinander. Dem Senat waren weiterhin die Hände gebunden, wegen der überholt wirkenden, aber dennoch peinlich genau beachteten Hoheit der Franzosen, Briten und Amerikaner über West-Berlin. Die ummauerte Stadt, Zentrum des geteilten Deutschlands, lag politisch im Abseits.

In Bonn bemühte sich Bundeskanzler Helmut Kohl (CDU) ab 1983, die Einheit der deutschen Nation stärker im Bewusstsein der Bundesbürger zu verankern. Parallel dazu strich der Senat unter von Weizsäckers Nachfolger Eberhard Diepgen die weiterhin reklamierte Hauptstadtrolle und nationale Brückenfunktion Berlins heraus. Die Gesellschaft im West-Berliner Biotop entwickelte sich unterdessen in eine andere Richtung. In den innerstädtischen Bezirken hatten sich stark subventionierte Subkulturen herausgebildet. Zunehmend schien Berlins neue Aufgabe darin zu liegen, innerhalb der Bundesrepublik neue alternative Strömungen zu integrieren. Als faszinierender (aber inzwischen ungefährlicher) Grenzraum zog die Halbstadt nicht nur bundesdeutsche Wehrdienstverweigerer, sondern auch Studenten, Künstler und Abenteurer aus der gesamten westlichen Welt an. Viele jüngere Berliner lebten auf ihrer Insel in einer leicht überheblichen Distanzierung sowohl vom weit entfernten Westdeutschland mit seinen spießigen Berlinbesuchern und seinem provinziellen Kanzler als auch von der ungeliebten DDR, der sie hauptsächlich in Gestalt ihrer launischen Grenzbeamten bei den langen Wartezeiten im gespenstischen Transitverkehr begegneten. In Berlin tickten die Uhren eben anders. Nationale Identität, Wiedervereinigungsgebot und Hauptstadtambitionen waren für weite Teile der jüngeren Generation Begriffe aus einer anderen Welt.

Als die 750-Jahr-Feier anstand, sah sich der Senat Ost-Berlin gegenüber im Nachteil. Das Stadtzentrum lag jenseits der Mauer und wurde zudem gerade aufwendig rekonstruiert. Viele stadthistorische Sammlungen waren ebenfalls unerreichbar, und hinter der DDR-Hauptstadt stand eine komplette Staatswirtschaft. Bei aller Unterstützung aus Bonn konnte West-Berlin dabei nicht mithalten. Lange hoffte der Senat, 1987 einen Durchbruch in den Beziehungen zwischen Ost- und West-Berlin feiern zu können. Doch die Öffnung seitens Ost-Berlin blieb aus, und die Enklave musste ihren Geburtstag allein feiern. Dabei schaute ihr auch noch eine kritische Öffentlichkeit auf die Finger, die ständig Vergleiche mit Ost-Berlin anstellte und auch die Inszenierungen der Nationalsozialisten von 1937 nicht vergessen hatte.

Abb. S. 72: »Die schnellste Stadt der Welt«, Inszenierung in der Ausstellung »Berlin, Berlin« im Innenhof des Martin-Gropius-Baus, 1987.

»Berlin bleibt eine Stadt«

Der 750. Geburtstag war für West-Berlin zunächst ein schwieriges Datum. Auf der unsicheren Insel gab es in den 1980er-Jahren wenig Anlass für stolze Selbstinszenierungen. Zudem wurde im Abgeordnetenhaus nachdrücklich die Frage nach dem Stil des Festes gestellt: »Wir wollen nicht, dass eine Feier per Dekret stattfindet, etwa wie jene, die jetzt mit militärischem Pomp in Ost-Berlin vorbereitet wird«, hieß es dort.

Ursprünglich hatte man auf gemeinsame Veranstaltungen mit Ost-Berlin gehofft, um so die historische Zusammengehörigkeit beider Stadtteile zu unterstreichen. Zudem würde sich Berlin, so die Befürchtung der Abgeordneten, mit einem doppelten Jubiläum gegenüber der Weltöffentlichkeit »mehr oder weniger der Lächerlichkeit« aussetzen.

Doch Ende 1985 zerschlugen sich alle Hoffnungen. Die SED publizierte ihre »Thesen 750 Jahre Berlin«, die von unveränderter ideologischer Starrheit zeugten. »West-Berlin wird wie ein überflüssiger Wurmfortsatz behandelt«, empörte sich die *Morgenpost*. »Das lässt wenig hoffen für eine gemeinsame Stadtfeier.« Es gab bis 1987 nur auf den unteren Ebenen unregelmäßige Ost-West-Gespräche, die dazu dienten, sich gegenseitig über die Programme zu informieren.

So musste West-Berlin allein die Einheit der Stadt vor Augen führen. »Das Geschichtsfest wird doppelt begangen, aber gemeinsam gesehen«, verkündete das Programmbuch, das ganz bewusst auch auf die Ost-Berliner Veranstaltungen hinwies. Konzipiert wurde das Jubiläum von Ulrich Eckhardt, dem Leiter der Berliner Festspiele. Sein Büro B750 organisierte unter der politischen Verantwortung des Kultursenators die Festveranstaltungen.

An der Eröffnungsveranstaltung der 750-Jahr-Feier am 30. April im ICC nahmen zahlreiche Prominente teil. Der Regierende Bürgermeister Eberhard Diepgen eröffnete das Fest mit den Worten: »Berlin bleibt eine Stadt, auch wenn wir zweimal feiern – feiern müssen.« (**Abb. →**)

ICC
BERLIN

750
JAHRE
BERLIN
1987

»Die Mauer kann und darf nicht die Mitte Berlins zur Peripherie machen. Der Senat wird das Jahr 1987 bewußt mit dem Blick auf den Reichstag und auf die Mauer – aber auch über sie hinweg – begehen.« So lautete Ende 1984 eine Vorgabe für das Jubiläum, die sich dann in der Choreografie des Festes spiegelte. Die wichtigsten Veranstaltungen fanden alle im damaligen Randgebiet des östlichen Tiergartens statt. Es gab Volksfeste auf der Straße des 17. Juni (**Abb. →**) sowie Ausstellungen und Bauprojekte in der »wiederentdeckten historischen Mitte« entlang der Mauer. Auch der leere Reichstag fungierte vielfach als Kulisse für Feste und Konzerte.

West-Berlin feierte nach eigenen Angaben »vor den Toren der Stadt«. Die doppeldeutige Formel bezeichnete historisch die Gegend entlang der früheren Stadtgrenze zwischen Brandenburger Tor, Potsdamer Tor, Halleschem Tor usw. Hier verlief jetzt aber die Berliner Mauer, und so war »vor den Toren« 1987 durchaus auch politisch gemeint: mit Blick auf Ost-Berlin. Diese Fotografie (**Abb. ↖**) wurde mit einem Zoomobjektiv von der Siegessäule aus aufgenommen.

Das fidele
Zylinderwerfen

Zu seinem Geburtstag lud West-Berlin Gäste aus aller Welt ein. Der Senat organisierte ein internationales Bürgermeistertreffen (wie im Übrigen auch die DDR), viele Gastauftritte ausländischer Bühnen und Orchester, Konferenzen und einige Staatsbesuche. So demonstrierte die freie Enklave ihre Weltoffenheit und Vielfalt, aber auch ihre politische Legitimität.

Von besonderer Bedeutung waren dabei die Beiträge der Alliierten. Leicht anachronistisch wirkte für viele Zeitgenossen die fortwährende Präsenz der Vereinigten Staaten, Großbritanniens und Frankreichs in Berlin, jener drei Besatzungsmächte von 1945, die seit Stalins Berlinblockade 1948 lieber »Schutzmächte« genannt wurden. Tatsächlich übten die drei Stadtkommandanten bis 1990 die Hoheit über West-Berlin aus, auch wenn die tagespolitischen Entscheidungen vom Senat im Rathaus Schöneberg getroffen wurden und Berlin die Gesetzgebung vom Bundestag in Bonn übernahm. Richtiges Bundesland war Berlin gleichwohl nicht, denn nach westlichem Verständnis war das ganze Berlin nach wie vor eine Viersektorenstadt unter Besatzung.

Zum Geburtstag ihres Hoheitsgebietes demonstrierten die Alliierten ihre Verbundenheit mit der Stadt. Im Frühjahr 1987 reisten die Staatsoberhäupter selbst an: zunächst der französische Staatspräsident François Mitterand, dann die britische Königin Elizabeth II und schließlich der amerikanische Präsident Ronald Reagan. Die Aufnahme vom 26. Mai 1987 (**Abb.↖**) zeigt das Abschreiten der Ehrenformation der alliierten Streitkräfte durch die Queen auf dem Flugplatz Gatow. Die amerikanische Geburtstagsparty fand am 12. Juni in einem Hangar am Flughafen Tempelhof statt (**Abb.↑**).

Anschließend hielt Ronald Reagan seine berühmte Rede vor dem Brandenburger Tor (**Abb.→**). Er wandte sich darin direkt an Michail Gorbatschow, seinen Kontrahenten im Kalten Krieg: »Mr. Gorbachev, tear down this wall.« Reagans Besuch rief in West-Berlin neben Zustimmung auch viel Kritik hervor, denn der amerikanische Präsident galt als »Kalter Krieger«. In der City West gab es während seines Besuchs Demonstrationen und in Kreuzberg teilweise schwere Krawalle.

Bauprojekte im Schatten der Mauer

Im Stadtfest »vor den Toren« spiegelten sich auch allgemeine stadtplanerische Überlegungen West-Berlins. In den 1980er-Jahren hatte man die lange vernachlässigte Mitte der alten Reichshauptstadt neu entdeckt. Bis dahin war die Gegend um den Reichstag und den früheren Potsdamer Platz mit Blick auf eine künftige Wiedervereinigung unbebaut geblieben. West-Berlin hatte sich vom »zentralen Bereich« abgekehrt und der City West um den Kurfürstendamm zugewandt. Da die Wiedervereinigung in eine ferne Zukunft gerückt schien, betrachtete man die leere Mitte nun aus anderer Perspektive.

1987 gab es hier eine Reihe von Renovierungsprojekten, beispielsweise der Hamburger Bahnhof, der Martin-Gropius-Bau und die Kongresshalle. Im geplanten Filmmuseum im Hotel Esplanade am ehemaligen Potsdamer Platz wurde eine erste Ausstellung gezeigt. Am Kulturforum wurde die Philharmonie um den Kammermusiksaal erweitert und eine Probestrecke der futuristischen Magnetbahn aufgebaut. Auch die Gründung des Deutschen Historischen Museums passte zu dieser Strategie, die Mitte wiederzubeleben. Seinen Sitz sollte das neue Museum gegenüber dem Reichstag haben.

Nach dem Jubiläum zeigte sich Kultursenator Volker Hassemer (CDU) zufrieden mit der Aneignung des Zentrums: »Gerade hier, im Vorfeld der Mauer, das seit dem Krieg brachgelegen und sich nach dem Mauerbau noch mehr zur Peripherie zurückentwickelt hatte, liegt der öffentliche Raum für die Bewohner der westlichen Halbstadt [...]. Die Veranstaltungen der 750-Jahr-Feier haben in diesem Sinn mitgeholfen, einen öffentlichen Raum dort wiederherzustellen, wo vorher nur viel Platz, aber keine Öffentlichkeit war.«

Die leere Mitte am Rand West-Berlins, Luftaufnahme von 1984. Erkennbar sind der unbebaute Spreebogen westlich des Reichstags, der Todesstreifen südlich des Brandenburger Tors und die achteckige Kontur des Leipziger Platzes.

Zu den im Kontext des Stadtjubiläums initiierten Bauprojekten entlang der Mauer gehörte der Hamburger Bahnhof, der direkt am Grenzübergang Invalidenstraße lag. Am 2. Mai 1987 wurde das renovierte Gebäude als Ausstellungshaus neu eröffnet (**Abb. ↑**). Die 1981 eingestürzte Kongresshalle wurde erneuert und der Daimler-Benz-Konzern stiftete den benachbarten Glockenturm. Im Oktober 1987 wurde die größte der insgesamt 68 Glocken des Carillons installiert (**Abb. →**). Auch der Reichstag war 1987 oft im Gespräch – um ihn herum sollte ein neues politisches Zentrum für West-Berlin entstehen.

Die Bundesregierung machte Berlin ein ganz besonderes Geburtstagsgeschenk: das Deutsche Historische Museum (DHM). Am 28. Oktober 1987 enthüllten Helmut Kohl und Eberhard Diepgen die Stiftungstafel im Spreebogen (**Abb. →**). Beim Gründungsakt im Reichstag erklärte Kohl: »Kaum ein anderer Ort ist so eng mit unserer Geschichte verwoben und eignet sich so gut als Sitz dieses Museums wie die alte Hauptstadt der Deutschen. In ihrem Schicksal, in ihrer Vergangenheit und Gegenwart und – dessen bin ich sicher – in ihrer Zukunft spiegelt sich die Geschichte der Deutschen.« Die DHM-Gründung war 1987 durchaus umstritten, und die Stiftungstafel musste zeitweise von Polizisten bewacht werden.

Die Vision eines politischen Zentrums für West-Berlin wurde vom Mauerfall 1989 überholt. Berlin wurde Bundeshauptstadt, im Spreebogen entstand ein nationales Regierungsviertel, und das DHM bezog das Zeughaus Unter den Linden, bis dahin Sitz des Museums für Deutsche Geschichte der DDR. Wo einst die Stiftungstafel das Museum ankündigte, steht heute das Bundeskanzleramt.

Ausstellungen auf ehemaligen Brachen

Zum Kern des Festprogramms gehörte eine Reihe von Ausstellungen an unwirtlichen Orten entlang der Mauer. Neben dem früheren Hamburger Bahnhof und dem Anhalter Bahnhof kam dafür vor allem der Martin-Gropius-Bau in Betracht. Das Ausstellungshaus, ab 1877 als Kunstgewerbemuseum errichtet, war in seiner Randlage lange Zeit vernachlässigt worden. 1981 wurde es für die Ausstellung »Preußen. Versuch einer Bilanz« erstmals wieder benutzt. 1987 öffnete das restaurierte Haus mit der Jubiläumsausstellung »Berlin, Berlin« seine Pforten.

»Berlin, Berlin« stand in der Tradition der sogenannten »inszenierten« Ausstellungen, die Geschichtsvermittlung auch durch das bedeutungsvolle Arrangement von Objekten und durch szenografische Elemente leisten wollten. Die Besucher sollten die dynamische Geschichte der Großstadt sinnlich erfahren. Beispielhaft dafür stand die Inszenierung im großen Lichthof, die unter dem Titel »Die schnellste Stadt der Welt« die Metropole der Weimarer Republik vor Augen führte. Dabei betonte die Ausstellung stets auch die Ambivalenzen der »Goldenen Zwanziger«, in denen Glanz und Elend nah beieinandergelegen hatten. Die politische Instabilität dieser Epoche, ihre kurze Dauer und der Absturz in die Diktatur 1933 wurden nicht ausgespart.

Auch der Ausstellungsort selbst verwies auf die dunklen Seiten der Berliner Geschichte. Der Haupteingang des Martin-Gropius-Baus wurde von der Berliner Mauer versperrt. Nebenan lag das Brachgelände des ehemaligen Reichssicherheitshauptamtes, Hauptsitz der SS. Auf Betreiben von Bürgerinitiativen wurde die Geschichte dieses »Gestapo-Geländes« 1987 erstmals in einer Ausstellung aufgearbeitet.

Der Martin-Gropius-Bau 1987. Im Vordergrund der provisorische Pavillon der Ausstellung »Topographie des Terrors«. Er wurde über den ausgegrabenen Kellerräumen einer ehemaligen SS-Verpflegungsbaracke errichtet. Daneben freigelegte Fundamente des »Hausgefängnisses« der Gestapo, die von einer Dachkonstruktion geschützt werden. Rechts im Bild erkennt man die Mauer.

In der Ausstellung »Berlin, Berlin« (rechts das Plakat) richtete West-Berlin den Fokus auf die Zeit der Großstadt. Nach Ansicht der Ausstellungsmacher Gottfried Korff und Reinhard Rürup hatte Berlin erst im 19. Jahrhundert mit der raschen Industrialisierung und dem rasanten Wachstum der Stadt seine spezifische Identität entwickelt. Die Ausstellung stellte den Berliner, den »Großstadtmenschen«, ins Zentrum.

1987 wurde erstmals das sogenannte »Gestapo-Gelände« offiziell erschlossen. Bürgerinitiativen hatten seit Jahren die Errichtung eines kritischen »Denk-Ortes« an der Stelle des früheren Reichssicherheitshauptamtes gefordert. Im August 1986, im Vorfeld des Jubiläums, wurde eine systematische Grabung durchgeführt, die tatsächlich Kellerreste zutage förderte. Die dunkle Seite Berlins als Hauptstadt des Naziterrors bekam nun einen festen Ort (oben eine Luftaufnahme von Ende 1986).
Mit Unterstützung der Jubiläumsplaner wurden die Spuren nun gesichert und zur 750-Jahr-Feier präsentiert. Das Gelände wurde zurückhaltend gestaltet und seine Geschichte in einer Dokumentation erläutert, die die Ausstellung im Martin-Gropius-Bau ergänzte. Wie heikel das Thema damals war, zeigt sich darin, dass Kultursenator Volker Hassemer, der sich sehr für dieses Projekt engagiert hatte, der einzige Senatsvertreter bei der Eröffnung war, die am 4. Juli 1987 in den Kellerräumen stattfand.

Die als Provisorium verstandene Ausstellung »Topographie des Terrors« war über zwanzig Jahre zu sehen, bis im Mai 2010 endlich das Dokumentationszentrum an diesem Ort eröffnet wurde.

BERLIN, BERLIN
Palm
Chlorodont
U-BAHN 1
MÖCKERNBRÜCKE
GLEISDREIECK
U-BAHN 6
KOCHSTRASSE
S-BAHN
ANHALTER BAHNHOF
BUS 24 29
ANHALTER BAHNHOF
EINE AUSSTELLUNG
DER BERLINER
FESTSPIELE GMBH
IM AUFTRAG
DES SENATS VON BERLIN
MARTIN-GROPIUS-BAU
STRESEMANNSTRASSE 110
BERLIN 61
ÖFFNUNGSZEITEN:
TÄGLICH 10-19 UHR
FREITAGS 10-22 UHR
15. 8.–22. 11. 1987
MARTIN
GROPIUS
BAU
DIE AUSSTELLUNG
ZUR
GESCHICHTE
DER STADT

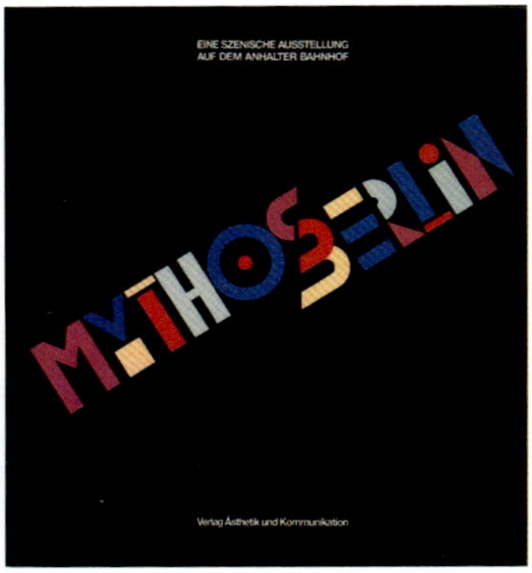

Um sich auch im Stil von den Berlin-Inszenierungen diktatorischer Regime zu unterscheiden, organisierte West-Berlin ein offenes und pluralistisches Fest. Viele Beiträge von lokalen Projektgruppen wurden gefördert und ins offizielle Jubiläumsprogramm aufgenommen. So sollte die 750-Jahr-Feier in die Stadt hineingetragen werden.

Die Zusammenarbeit mit den »freien Trägern« verlief aber nicht immer reibungslos, denn viele ihrer Projekte konterkarierten natürlich die offiziellen Berlin-Bilder. Aus Sicht der Off-Szene bot das Jubiläum vor allem Gelegenheit, an Mittel aus dem großen Topf heranzukommen. Der Spruch »rechtes Geld in linke Taschen« feierte Hochkonjunktur. Zu den gelungenen Projekten »von unten« zählte etwa die Schöneberger Ausstellung »Die Rote Insel« der Berliner Geschichtswerkstatt.

Umstritten blieb hingegen das Vorzeigeprojekt »Mythos Berlin« am Anhalter Bahnhof (**Abb. ↑**, daneben der Ausstellungskatalog). Es wurde von tonangebenden Künstlern und Intellektuellen getragen und wollte die »Wahrnehmungsgeschichte der industriellen Metropole« darstellen. Das ambitionierte Projekt entwickelte sich seit 1983 mit ungeheurer Energie und wurde großzügig gefördert. Die Ausstellung selbst war aber dann für viele enttäuschend. Der Anhalter Bahnhof bot den Anblick einer leeren Sandfläche mit improvisierten Gerüsten und Zelten. Es gab beißende Kritik (die *Zitty* dichtete frei nach Heinrich Heine: »Worte, Worte, keine Taten, lauter Sauce, keinen Braten«), und besonders die autonome Szene machte Front gegen die Ausstellung. Die Eröffnung am 13. Juni wurde von Demonstranten gestört. Der Senat verteidigte seine Förderung damit, dass er Mut zum Risiko bewiesen habe, sowie mit dem (nicht zuletzt gegen Ost-Berlin gerichteten) Verweis auf die Freiheit der Kunst.

Großes Aufsehen erregte das Mythos-Projekt »La Tortuga / Die Schildkröte«. Am 1. August ließ Wolf Vostell eine Kriegslokomotive auf den Rücken legen (**Abb. →**), laut Katalog eine »Phänomen-Ereignis-Skulptur, die als Metapher die Situation von Berlin und Deutschland am Ende des XX. Jahrhunderts ausdrückt«.

KRANSERVICE
MBS
KRANSERVICE
MBS

Wasserkorso und SternStunden

Mit Bauprojekten, Ausstellungen und Staatsbesuchen hatte West-Berlin bereits einige wichtige Elemente seiner Jubiläumsfeier zusammen. Auch ein großes Feuerwerk sollte es 1987 geben, und zwar ein japanisches am Flughafen Tempelhof.

Für die zentralen Festveranstaltungen allerdings musste das Büro 750 noch Konzepte entwickeln. Die nationalsozialistische 700-Jahr-Feier hatte eine Reihe traditioneller Festformen diskreditiert. Dies galt an erster Stelle für den Festzug. Bereits in den ersten Ideenskizzen wurde festgehalten, dass »alle Peinlichkeiten mit historisierenden Aufzügen und einer dazu nötigen Massenregie« zu vermeiden wären. Auch große historische Aufführungen im Olympiastadion waren nicht wiederholbar. Volksfeste sollte es 1987 aber unbedingt auch geben.

West-Berlin verwandte viel Energie darauf, neue Festformen zu erfinden. Das gelang schließlich mit den multimedialen »SternStunden« an der Siegessäule und vor allem mit dem Wasserkorso, einem Festzug auf dem Wasser, zu dem historische Schiffe aus ganz Westeuropa eingeladen wurden. So konnte man den gefürchteten Gleichschritt vermeiden und sich zugleich als weltoffen präsentieren. »Kein Jubiläum ohne Festzug!«, erklärten die Veranstalter. »Doch diesmal muss nicht marschiert werden, denn der Umzug findet auf dem Wasser statt, auf den Kanälen, den Havelseen und natürlich auf der Spree, die unbeeindruckt von Grenzen die Stadt wie vor 750 Jahren in ihrem alten Bett durchfließt.«

Der West-Berliner Wasserkorso – der Ersatz für den Festzug – fand am 25. und 26. Juli statt. Hier fährt eine venezianische Gondel über den Landwehrkanal. Kritische Stimmen gab es auch; auf dem Transparent links oben steht: »Lassen wir uns nichts erzählen«.

NICHTS

Der Wasserkorso wurde am 25. und 26. Juli zusammen mit dem Westhafenfest ausgerichtet und zog hunderttausende Zuschauer an (**Abb. ↖**). Zu sehen gab es zahlreiche Schiffe aus der Bundesrepublik und aus westeuropäischen Ländern. Die Niederlande steuerten einige »Tjalken«, friesische Plattbodenschiffe, bei, die in sechs Wochen von Amsterdam nach Berlin gesegelt waren. Es war das erste Mal, dass die Transitstrecke von Passagierschiffen benutzt wurde. Noch an der Grenze erreichte die DDR allerdings, dass die Holländer am nächsten Tag auch beim »Wasserfest« der DDR-Hauptstadt aufkreuzten …

Ein weiterer Höhepunkt des Jubiläumsfestes wurden die multimedialen Inszenierungen an der Siegessäule (**Abb. ↗**). Die SternStunden präsentierten an acht Abenden im August 1987 eine Theater- und Musik-Revue zur Geschichte Berlins. Am Großen Stern wurde eine riesige Freiluftbühne aufgebaut, auf der berühmte internationale Sänger und Musiker auftraten (rechts Nina Hagen). Jeweils 25 000 Besucher verfolgten die Aufführungen.

Wie der Wasserkorso waren auch die SternStunden als demokratische Variante des Stadtfestes gedacht. Das Olympiastadion kam nach der 700-Jahr-Feier als offizielle Festkulisse nicht mehr infrage. Stattdessen wählte West-Berlin einen Ort inmitten eines öffentlichen Parks, des Tiergartens, und organisierte hier eine Show nicht auf der Basis von Massenchoreografien, sondern mit Einzelauftritten und technischen Projektionen (**Abb. ↑, →**).

So betrieb West-Berlin gleichsam Vergangenheitsbewältigung in der Festgestaltung. Rückblickend erklärte der Kultursenator erleichtert, dass der Wasserkorso und die SternStunden »die 700-Jahr-Feier aufgehoben« hätten. West-Berlin habe bewiesen, »dass auch eine offene, demokratische Gesellschaft den großen Raum kulturell in Besitz nehmen kann und ihn nicht immer der Erinnerung an gleichgeschaltete Kolonnen einer unseligen Vergangenheit überantworten muß«. Die Siegessäule, mit der 1873 den preußischen Siegen über Dänemark, Österreich und Frankreich ein Denkmal gesetzt worden war, sei in eine »Friedenssäule« umgewandelt worden.

Protest, Ermüdung und »Anti-Berliner«

Von Anfang an wurde das West-Berliner Stadtjubiläum von der Presse und engagierten Bürgern kritisch begleitet. Vor den Peinlichkeiten einer doppelten Stadtfeier wurde genauso gewarnt wie vor Größenwahn und Parallelen zu den braunen Inszenierungen von 1937.

Konterkariert wurde die Selbstdarstellung als liberale Metropole durch die teilweise massiven Proteste gegen Kunstprojekte wie »Mythos Berlin« oder den sogenannten Skulpturenboulevard mit modernen Plastiken am Kurfürstendamm. Im Laufe des Feierjahres wurde der Strom an Festveranstaltungen von wachsendem Spott und Zynismus begleitet, zumal es in Kreuzberg im Mai und Juni Krawalle gegeben hatte. Parolen wie »750 Jahre – es reicht« und »Sehnsüchtig aufs 751.« zierten Wände und Fassaden. Im Oktober nahmen Kritiker mit einer satirisch-karnevalistischen B 750-Antiparade den Ku'damm in Besitz.

Trotz der Erfolge der Ausstellungen und der SternStunden überwog im Herbst die Ernüchterung: Das Jubiläum war ein wenig zu groß geraten und hatte nicht, wie erhofft, zu klaren Fortschritten im innerstädtischen Verhältnis geführt. Mit einigem Unbehagen blickte man jetzt auf 1988, denn dann sollte West-Berlin zu allem Überfluss auch noch Europas Kulturhauptstadt werden (im Volksmund »751-Jahr-Feier«). Versuchte die Inselstadt ihre Sinnkrise mit großen Festivals zu überdecken? 1987 das Jubiläum, 1988 Kulturhauptstadt – »für 1989 wird noch ein Anlaß zu feiern gesucht«, schrieb das *Volksblatt Berlin* …

Für 1987 war eine Volkszählung geplant, die umstritten war und von vielen Berlinern boykottiert wurde. Sie klebten ihre Volkszählungsbögen demonstrativ an die Mauer und an Häuserfassaden, wie hier am 30. Mai in der Nähe vom Checkpoint Charlie.

Confess & Believe = salvation
Christ is coming
750 JAHRE KLEISTER

Im Jahr des Berliner Geburtstages gab es in Kreuzberg überraschenderweise die schwersten Krawalle seit Jahren. Auslöser für die Unruhen war der geplante Boykott der Volkszählung am 25. Mai 1987. Am Abend des 30. April, als im fernen ICC die 750-Jahr-Feier eröffnet wurde und Bilder vom üppigen Bankett im Fernsehen übertragen wurden, drang die Polizei in Kreuzberg bei den Initiatoren des Volkszählungsboykotts ein, um Flyer zu beschlagnahmen. Entsprechend war die Stimmung bei den traditionellen 1.-Mai-Festen am nächsten Tag angespannt. Nachmittags kam es zu ersten Gewalttätigkeiten (**Abb. →**) und abends zu schweren Krawallen. Barrikaden wurden errichtet, es gab Plünderungen (**Abb. ↑**), und eine Filiale der Supermarktkette Bolle am Görlitzer Bahnhof ging in Flammen auf (**Abb. ↗**). Die Mai-Krawalle sollten sich seitdem jedes Jahr wiederholen.

Der geplante Besuch des in der Szene unpopulären Ronald Reagan am 12. Juni stand nun unter denkbar schlechten Vorzeichen. Berlin forderte dafür sogar zusätzliche Polizeieinheiten aus dem Bundesgebiet an. Am 11. Juni demonstrierten etwa 50 000 Menschen in der West-Berliner Innenstadt gegen Reagan, Atomwaffen und die NATO. Diese Demonstration lief zunächst friedlich ab, doch abends flogen auch hier Steine. In der Nacht tobten in Kreuzberg wieder Straßenschlachten. Am nächsten Tag unterbrach die Polizei zeitweise den U-Bahnverkehr aus Kreuzberg und kontrollierte den Zugang von und nach SO 36, um am Brandenburger Tor einen »störungsfreien Ablauf« des Staatsbesuchs zu garantieren. Abends brannte Kreuzberg erneut.

Nach diesen Ereignissen brachte Eberhard Diepgen die Kreuzberger gegen sich auf, indem er eine »Clique von Anti-Berlinern« für die Krawalle verantwortlich machte. In Kreuzberg blieb es den ganzen Sommer unruhig, die Wut richtete sich nun auch gegen die »in faschistischer Tradition abgehaltene 750-Jahr-Feier«. Die Kreuzberger Bezirksfeste wurden abgesagt, und die Szene schmückte sich nun demonstrativ mit dem Etikett »Anti-Berliner«.

Casino
POLIZEI
B-30499

Die Berlin-Inszenierungen von 1987 waren begleitet von Parodien und Protestaktionen aus dem gesamten politischen Spektrum. So gab es teilweise heftige Proteste gegen den »Skulpturenboulevard«: sieben Werke von international renommierten Künstlern, die Anfang 1987 am Kurfürstendamm aufgestellt wurden. Viele Berliner fühlten sich von diesen Arbeiten provoziert, und noch vor dem offiziellen Beginn der Feier entlud sich der Unmut (**Abb. ↑**). Während sich linksliberale Stimmen über den »zutiefst beunruhigenden Ausbruch eines reaktionären Verhältnisses zur modernen Kunst« entrüsteten, richteten die Kritiker ein Protesttelefon ein und parodierten die umstrittenen »Beton-Cadillacs« von Wolf Vostell gar mit einer »Trabi-Pyramide«.

Am anderen Ende der Stadt, im unruhigen Kreuzberg, organisierte das »Büro für ungewöhnliche Maßnahmen« 1987 eine Reihe von satirischen Gegenaktionen. Am 17. Juni parodierte es die Abriegelung Kreuzbergs während des Reagan-Besuchs wenige Tage zuvor. Der Aktionskünstler Kurt Jotter präsentierte sich als »Berliner Senator für Architektur und Inneres« und errichtete am Kottbusser Damm einen »Antikreuzberger Schutzwall«, um das vermeintliche »Anti-Berlin« vom Rest der Stadt abzugrenzen (**Abb. →**). »Wir lassen uns unser schönes Berlin nicht von den Kreuzberger Anti-Berlinern kaputtmachen!«, rief er (**Abb. ↑**). Mit »Passierscheinen zwischen Berlin-West und Kreuzberg Süd-Ost«, die jenen im innerdeutschen Grenzverkehr zum Verwechseln ähnlich sahen, überraschte dieser Flashmob avant la lettre die Passanten.

Das »Büro für ungewöhnliche Maßnahmen« richtete am 28. Oktober auch die satirische B750-Parade am Kurfürstendamm aus, bei der Kritiker und Künstler in einem bunten Protestzug ihrem Ärger über die offizielle Dauerfeier Luft machten. Sie griffen dabei genau jenes Stilmittel wieder auf, das der Senat ganz bewusst vermieden hatte: den Festzug.

HIER BEGINN
Endlich!
ANTIBERLIN

MÜ-10970
B-Z 5467

wird
Possenspiel
oder
IE
105 163

Rivalitäten und Verbindungen

Klopfen an der Mauer

So sorgfältig die Jubiläumsfeiern auch geplant und vorbereitet waren, gab es 1987 doch viele unerwartete und spontane Ereignisse. Als besonders unberechenbar erwies sich der direkte Austausch zwischen Ost- und West-Berlin. Immer wieder kam es, auf den verschiedensten Kommunikationswegen, zu solchen Interaktionen; sie wurden oft als »Klopfzeichen an der Mauer« bezeichnet. Natürlich ging die Initiative dazu häufiger von West-Berlin aus, das zum Geburtstag ja stets das Gemeinsame betonen wollte. Aber auch aus Ost-Berlin kamen Signale, sowohl vom Staat wie auch von der Bevölkerung.

Paradigmatisch dafür stehen die bereits erwähnten Rockkonzerte am Reichstag samt »Mauerschlacht« in Ost-Berlin. Konzerte an der Mauer hatte es öfter gegeben, und die West-Berliner Veranstalter sorgten ganz bewusst für die Beschallung von Ost-Berlin. So auch am Pfingstwochenende vom 6. bis zum 8. Juni 1987, als das große Open-Air-Event »Concert for Berlin« unter anderem mit David Bowie, der New Model Army, Neil Young, Eurythmics und Genesis stattfand. Mit solchen Auswirkungen, wie sie bei diesem Konzert eintraten, hatte aber niemand gerechnet. Während sich etwa 60 000 zahlende West-Berliner auf ein entspanntes Open-Air-Konzert freuten, stieg drüben Unter den Linden die Spannung. Über die westlichen Medien waren DDR-Jugendliche bestens über das Festival informiert, und so versammelten sich am Samstagabend einige hundert Fans so nah am Brandenburger Tor wie möglich, um David Bowie zu hören. Der Rockstar begrüßte seine Freunde »auf der anderen Seite der Mauer« sogar auf Deutsch. Die Volkspolizei war darauf nicht vorbereitet und drängte die Menge zurück. Empört reagierten die Jugendlichen mit Sprechchören, in denen sie Kritik an der Mauer übten.

Dieses Ereignis sprach sich herum, und am nächsten Sonntag war die Ost-Berliner Fanschar auf über 2 000 Menschen angewachsen. Der DDR-Sicherheitsapparat mischte nun Zivilbeamte unter die Fans, um die »Rädelsführer« ausfindig zu machen und die Menge zu zügeln. So richtig gelang dies nicht. Beim Auftritt der Eurythmics kam es zu schweren Auseinandersetzungen. Die Rockfans riefen »Wir wollen Gorbatschow!« und dann sogar »Die Mauer muss weg!«.

Am folgenden Montagabend fanden sich noch einmal deutlich mehr Menschen ein. Das Brandenburger Tor war jetzt allerdings im Osten so weiträumig abgesperrt, dass das Konzert der Gruppe Genesis hier kaum noch zu hören war. Nun eskalierte die Situation. Die Jugend-

lichen riefen »Bullen raus!«, »Die Mauer muss weg!«, aber auch »Kreuzberg ist überall!« und »Kreuzberger Nächte sind lang« – eine Anspielung auf die Situation im anderen Stadtteil, wo es im Mai, wie die Ost-Berliner Szene sehr wohl wusste, schwere Krawalle gegeben hatte. Nun flogen Flaschen und Gummiknüppel, die Staatsorgane schritten mit brutaler Gewalt ein und nahmen etwa 120 Menschen fest. Die Auseinandersetzungen dauerten bis weit nach Mitternacht. Eine solch heftige Konfrontation zwischen Volkspolizei und Jugendlichen war in der DDR völlig ungewöhnlich.

Es waren an diesen Abenden ganz offensichtlich nicht die Friedensgruppen und Bürgerrechtler, die protestierten, sondern eher unpolitische Rockfans, Jugendliche und Punks. Sie wollten bloß die Westmusik live erleben, und erst die Intervention der Polizei provozierte ihre wütenden Reaktionen. Diese »spontane Politisierung« (*taz*) überraschte 1987 Freund und Feind und verlieh Kommentatoren zufolge den Ereignissen ihre große Bedeutung. Zudem offenbarte das Geschehen die hoffnungslose Entfremdung zwischen Jugend und Staat. Die Westmedien berichteten ausführlich, nicht zuletzt weil sich verschiedene Westreporter, begierig auf diese Story, im Ost-Berliner Publikum befunden hatten und ebenfalls von den Stasimitarbeitern schikaniert worden waren. So bekam Deutschland zur 750-Jahr-Feier auch das hässliche Gesicht Ost-Berlins zu sehen.

Abb. S. 102: Amphicars beim West-Berliner Wasserkorso, Amphi-Trabant zum Ost-Berliner Wasserfest, 25. Juli 1987.

Rock am Reichstag: Entspannung in West-Berlin (6. Juni 1987), Hochspannung in Ost-Berlin (8. Juni 1987).

Die Ost-Berliner »Mauerschlacht« zum West-Berliner Rockkonzert war noch in aller Munde, als einige Tage später Ronald Reagan anreiste. Seine große Rede am 12. Juni gehörte zu den sorgfältig geplanten und inszenierten Klopfzeichen an der Mauer. Vor allem die Wahl des Ortes, die telegene Kulisse mit dem Blick auf Ost-Berlin, erwies sich als genial. Diesmal war der westliche Bereich vor dem Brandenburger Tor weiträumig abgesperrt. Demonstrationen fanden in der City West statt, die Autonomen saßen im abgeriegelten Kreuzberg fest, und vor der Bühne hatte man ein ausgewähltes Publikum von etwa 25 000 Menschen versammelt, darunter viele Amerikaner und auch sogenannte »Stabilisatoren«, die Störer sofort einkapseln konnten. (Die *taz* verglich hämisch die »Stabis« hier mit den »Stasis« drüben.) Nur vom Erzfeind, der doch direkt im Rücken des US-Präsidenten an der Mauer stand, schien man keine bösen Überraschungen zu erwarten. Die DDR-Organe verfolgten das Treiben vor »ihrem« Brandenburger Tor mit Argusaugen. Wie erwartet richtete sich Reagan in seiner Ansprache mehrfach an die Ost-Berliner hinter ihm: »Es gibt nur *ein* Berlin«, sagte er auf Deutsch. Und über Ost-Berlin hinaus adressierte er seinen berühmten Appell an Moskau: »Mr. Gorbachev, tear down this wall.« Berühmt ist der Appell im Übrigen eher erst nach 1989 geworden, als der Mauerfall die Rede Reagans rückwirkend als visionär erscheinen ließ. 1987 fielen die Reaktionen darauf eher lau aus, wurde Reagan doch von vielen als Kalter Krieger gesehen. Es war im Gegenteil sein Kontrahent Gorbatschow, in den man große Erwartungen hinsichtlich Entspannung und Öffnung setzte.

So konnte es dazu kommen, dass Demonstranten beiderseits der Mauer die herrschende Ordnung mit »Gorbi, Gorbi«-Rufen herausforderten – auch wenn ihre Situation in Ost- und West-Berlin unterschiedlicher kaum sein konnte. Die Abfolge von Demonstration, Konfrontation und Eskalation entwickelte sich beim Anti-Reagan-Protest am 11. und 12. Juni in West-Berlin nach bekanntem Muster. Dabei waren sehr viele Sicherheitskräfte mobilisiert worden, auch aus dem Bundesgebiet, und die Polizeiführung traf mit der Absperrung von Kreuzberg eine ungewohnt radikale Maßnahme. Die Demonstration am 11. Juni selbst war mit etwa 50 000 Teilnehmern besonders groß und wurde von einem ungewöhnlich breiten Aktionsbündnis von 130 Gruppen getragen. In der City kam es anschließend zu Ausschreitungen, was niemanden mehr überraschte. Diese Eskalation der Gewalt kannte man in West-Berlin nur allzu gut. Im Übrigen gab es auch

Reagan vor dem Brandenburger Tor, 12. Juni 1987. Blick von Westen (**Abb. →**) und von Osten (**Abb. → →**).

ACHTUNG!
JETZT

POLIZEI

hier den Echoeffekt: Demonstranten, die am 11. Juni stundenlang vor dem Kaufhaus des Westens von Einsatzkräften eingekesselt waren, riefen in Richtung der Polizeikette: »Die Mauer muss weg!«

Dagegen war es nur eine kleine Gruppe, die bei der offiziellen 1.-Mai-Demonstration 1987 in Ost-Berlin ein Zeichen des Protestes gesetzt und Gorbatschow-Plakate mitgeführt hatte. Es war ein bescheidenes Zeichen, aber neu und deswegen elektrisierend. Geradezu sensationell waren die Transparente von Mitgliedern der nur widerwillig genehmigten »Kirche von unten« auf dem großen DDR-Kirchentag Ende Juni.

Gerade im Jubiläumsjahr sollte die zunehmende mediale Verflechtung von West und Ost von vitaler Bedeutung für die DDR-Opposition werden. Im August 1987 ging in West-Berlin im Rundfunkkanal Radio 100 »Radio Glasnost« auf Sendung. Die Beiträge wurden von ostdeutschen Oppositionellen auf Tonband aufgenommen, nach West-Berlin geschmuggelt und monatlich von »Radio Glasnost« bis in die DDR ausgestrahlt. Erstmals bekam die Opposition so eine Stimme im legalen Radio.

In vollem Umfang wurde die Macht der Westmedien dann Ende 1987 sichtbar. In der Nacht zum 25. November, zweieinhalb Monate nach dem Bonn-Besuch von Honecker und

Politische Transparente in West- und Ost-Berlin. Die Anti-Reagan-Demo am 11. Juni 1987 in West-Berlin (**Abb. ↑**) und der Kirchentag mit Losungen der »Kirche von unten« in Ost-Berlin am 28. Juni 1987 (**Abb. ↗**).

einen Monat nach dem DDR-Staatsakt zum Berlin-Jubiläum, drangen Mitarbeiter des Ministeriums für Staatsicherheit in die Umweltbibliothek ein. Ziel der Operation war, die Oppositionellen beim Druck der verbotenen Zeitschrift *grenzfall* zu erwischen, was aber nicht gelang. Dennoch wurden Druckpressen und Schriftgut beschlagnahmt und sieben Mitarbeiter verhaftet.

Die Nachricht über diesen Zwischenfall verbreitete sich schnell, nicht zuletzt durch die Kontakte der Opposition nach West-Berlin. Sie wurde sofort von bundesdeutschen Medien aufgegriffen. Die Zionskirche richtete am nächsten Morgen eine Mahnwache ein, und die ARD schickte ein Fernsehteam nach Prenzlauer Berg. Über die Westnachrichten erfuhren viele DDR-Bürger überhaupt erst von der Existenz der Umweltbibliothek. Die Staatsorgane hatten die Kirche umstellt, aber es gelang ihnen nun nicht mehr, den Protest vor der Öffentlichkeit zu verbergen. Eine landesweite Solidarisierungswelle für die Inhaftierten setzte ein, während Westreporter den ganzen Tag den »Kampf um Zion« verfolgten.

So erwies sich die Stasi-Aktion als kompletter Fehlschlag und durch die Einschaltung der Westmedien auch als große Werbeaktion für die Opposition. Das Ereignis führte zu einer Vernetzung bis dahin isolierter Gruppen und inspirierte die Gründung neuer Umweltbibliotheken überall in der DDR. Am Ende musste sich das Ministerium für Staatssicherheit den öffentlichen Protesten beugen: Alle Verhafteten wurden freigelassen.

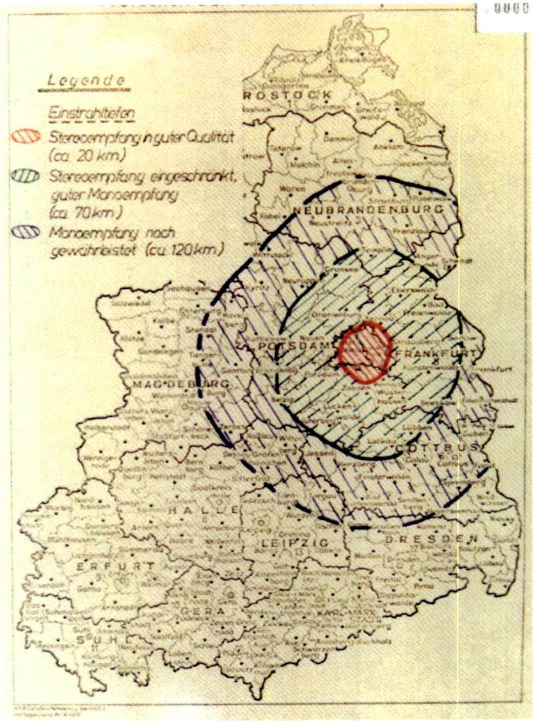

Die Sendereichweite von »Radio Glasnost« in der DDR, Grafik des Ministeriums für Staatssicherheit.

Am 25. November 1987 informiert Bürgerrechtler Carlo Jordan in der Ost-Berliner Zionskirche über den in der Nacht erfolgten Überfall auf Räume der Gemeinde.

Bundesdeutsche Kameraleute beim »Kampf um Zion«, fotografiert vom Ministerium für Staatssicherheit, 26. November 1987.

Diplomatie und Einladungspoker

Die 750-Jahr-Feiern fanden getrennt statt. Dies geschah gegen den erklärten Willen des West-Berliner Senats, der seine Hoffnung auf ein gemeinsames Fest früh hatte begraben müssen. Seitdem versuchte er, wenigstens eine gegenseitige Beteiligung an den jeweiligen Veranstaltungen zu erreichen. »Alles, was [...] dem schrittweisen Zusammenkommen und Zusammenwachsen der getrennten Teile dient, wird uns in der Vorbereitung besonders am Herzen liegen«, hatte der Senat 1983 festgehalten und angekündigt, er werde sich gegenüber Ost-Berlin wenigstens »um Gedankenaustausch und Abstimmung, um gegenseitige Hilfe und Rücksichtnahme bemühen«. Tatsächlich bestand Anfang der 1980er-Jahre Grund zum Optimismus, gab es doch Erfolge bei der Rückführung von »kriegsbedingt verlagerten Kulturgütern«: West-Berlin hatte der DDR-Hauptstadt 1981 die Figuren der Marx-Engels-Brücke (heute Schlossbrücke) übergeben sowie 1984 die Fassadenteile des Ephraim-Palais. Im Gegenzug kamen aus Ost-Berlin unter anderem Kunstwerke und Archivalien zurück.

Doch beim Stadtjubiläum blieb Ost-Berlin stur. Es betrachtete West-Berlin als Ausland, als eine dritte Entität neben der DDR und der Bundesrepublik. Mit der »Hauptstadt der DDR« hatte die selbständige politische Einheit »Westberlin« – der Name wurde im Osten immer zusammengeschrieben – demnach nichts zu tun, und daher sah man keinen Anlass für Gespräche über den Geburtstag der DDR-Hauptstadt. Der Druck auf den Senat wuchs.

Deshalb war man erleichtert, als 1985 doch noch Ost-West-Gespräche über die 750-Jahr-Feier zustande kamen. Der Chef der Senatskanzlei, Detlef Stronk, und der zuständige Staatssekretär im DDR-Kulturministerium, Kurt Löffler, trafen sich im März zum »Informationsaustausch«, damit sich die Ost- und West-Berliner Veranstaltungen wenigstens terminlich nicht in die Quere kommen würden. Die Gespräche wurden in unregelmäßigen Abständen fortgesetzt und verliefen teilweise schwierig, etablierten jedoch einen verlässlichen Kommunikationskanal zwischen beiden Stadthälften. In den Zweiergesprächen konnten praktische Fragen erörtert werden, die öffentlich nicht ansprechbar waren. Ansonsten bewahrte Ost-Berlin weiterhin große Zurückhaltung. Die Alliierten betrachteten die West-Berliner Sehnsucht nach einem entscheidenden Fortschritt ohnehin skeptisch. Ihre Aufgabe war es schließlich, auf die Einhaltung des Viermächtestatus zu achten. Die Ständige Vertretung der Bundesrepublik in Ost-Berlin notierte Anfang 1986 mit Blick auf das Jubiläum denn

Das wiederaufgebaute Ephraim-Palais im Ost-Berliner Nikolaiviertel, 1987. Die Fassadenteile waren 1984 aus West-Berlin gekommen, wo sie seit dem Abriss des Gebäudes Mitte der 1930er-Jahre gelagert waren.

auch: »Spektakuläre Annäherungen sind überhaupt nicht zu erwarten.«

Doch die DDR hatte eine Überraschung parat. Löffler brachte am 8. Oktober 1986 zwei Briefe für Diepgen mit: eine Einladung von Honecker für den DDR-Staatsakt sowie eine von Krack für das geplante Bürgermeistertreffen in Ost-Berlin. Damit könnte, so dachte man im Westen, doch noch der erhoffte Durchbruch gelingen! Doch die Lage war kompliziert. »Folgt Diepgen der Einladung«, beschrieb die *FAZ* das Dilemma, »kann das als eine Anerkennung des Ostsektors von Berlin als ›Hauptstadt der DDR‹ gedeutet werden. Schlägt der Bürgermeister die Einladung aus, widerspricht er seiner immer wieder vertretenen These von der Brückenfunktion der Stadt zwischen Ost und West.« Diepgen wollte die Einladung nach Ost-Berlin gern annehmen, ohne jedoch Bonn oder die Alliierten zu beunruhigen. Bei ihnen musste er also seinen Spielraum ausloten und über die Möglichkeit einer Annahme der Einladung ohne Anerkennung der DDR-Hauptstadt sprechen. Eine eindeutige Unterstützung von dieser Seite aber blieb aus.

So reagierte Diepgen auf eine ganz andere Weise: Im März 1987 lud er seinerseits Honecker zum West-Berliner Festakt im ICC ein. Dieser stand bereits für den 30. April an, sodass sich Honecker zuerst entscheiden musste. Die Einladung zum Ost-Berliner Bürgermeistertreffen lehnte Diepgen indes ab: Einen östlichen Amtskollegen konnte es nach westlichem Verständnis gar nicht geben.

Während die westlichen Zeitungen aufgeregt den nun entstandenen »Einladungspoker« kommentierten, trafen Stronk und Löffler im März wöchentlich zusammen, um über die wechselseitige Teilnahme an Festakt und Staatsakt zu verhandeln. Zur »Entspannung der Umstände« lud die DDR auch die Fraktionsvorsitzenden des Abgeordnetenhauses und einige bundesdeutsche Ministerpräsidenten zum Staatsakt ein. Auch betonte Honecker auf Diepgens Wunsch öffentlich, dass die Festreden in Ost-Berlin keine Statusfragen berühren würden. Dringlicher aber waren die Protokollfragen für den Fall einer Teilnahme Honeckers am Festakt im ICC. Hier sollten Bundespräsident von Weizsäcker und Bundeskanzler Kohl dabei sein und zum Abschluss die Nationalhymne gespielt werden. Diese »eindeutige und umfangreiche Bundespräsenz« war der DDR ein Dorn im Auge, solange Honecker nicht als gleichberechtigter Staatsmann behandelt werden würde, inklusive Redezeit und DDR-Hymne. Das waren für die westliche Seite aber unmögliche Bedingungen. Doch der Senat war zu ungewöhnlichen Zugeständnissen bereit, um den Staatschef der DDR zur 750-Jahr-Feier in West-Berlin empfangen zu können. Mehrmals stufte Diepgen die Bundespräsenz protokollarisch herunter, er teilte die Veranstaltung in zwei Blöcke, um Honecker Redezeit einzuräumen, wollte die DDR-Flagge hissen lassen, sprach mit Honecker in Leipzig darüber und besuchte den sowjetischen Botschafter in der DDR, um dessen Zustimmung einzuholen. Zeitweise schienen sich Ost- und West-Berlin geradezu zu verbünden, um sich gegen ihre jeweilige Schutzmacht durchsetzen zu können.

Wie die Westalliierten betrachtete auch die Sowjetunion die Berliner Vorgänge argwöhnisch, und so war das Berliner Einladungsspiel am Ende doch erfolglos. Mitte April notierte die SED-Spitze, dass der Senat »auf die Demonstration der Bundespräsenz und angeblichen Stellung Westberlins als Bundesland der BRD nicht verzichten« möchte. »Unter diesen Bedingungen erscheint die Annahme der Einladung und ein Zusammentreffen mit Bundespräsident von Weizsäcker und Bundeskanzler Kohl politisch nachteilig.« Das letzte Wort war wohl aus Moskau gekommen. Honecker sagte ab und lud später sogar Diepgen wieder aus. Die West-Berliner Hoffnung, mit einem diplomatischen Coup ersten Ranges das Jubiläum doch noch zu einem Meilenstein der innerstädtischen Beziehungen zu machen, war verflogen. Es war nur ein kleiner Trost, dass Löffler im April die Urkunde von 1237 mit der Ersterwähnung Cöllns aus Brandenburg nach West-Berlin mitbrachte. Sie wurde einige Tage im Schöneberger Rathaus ausgestellt.

Ein Honeckerbesuch in West-Berlin? Es ist schwer zu sagen, wie die Bevölkerung der Insel auf den DDR-Chef reagiert hätte, der seinerzeit persönlich den Bau der Mauer geleitet hatte. Protokollarisch und sicherheitspolitisch wäre ein solcher Besuch ein absolutes Novum gewesen, doch genau das war es, was sich der Senat vom Jubiläum ursprünglich erhofft hatte. Nun

reiste Honecker im September in die Bundesrepublik und übertrumpfte damit alle Berliner Planspiele.

Die geteilte Stadt blieb auch 1987 zur Politik der »kleinen Schritte« verurteilt. Dazu gehörte, dass es im Oktober schließlich doch zur ersten persönlichen Begegnung von Krack und Diepgen kam. Schon im Februar hatten sich die beiden konkurrierenden Amtskollegen in der Ost-Berliner Gethsemane-Kirche erstmals im gleichen Raum aufgehalten, aber ohne einander zu begegnen. Eine kurze Begrüßung fand dann erst im Oktober statt, diesmal in der Marienkirche – bezeichnenderweise an einem nichtstaatlichen Ort und informell, um keine Statusfragen aufzuwerfen. Der Kontrast zu Honeckers staatsmännischem Auftritt in Bonn war groß.

Staatsmännischer Empfang dort, heimlicher Handschlag hier: Helmut Kohl und Erich Honecker am 7. September in Bonn (**Abb. ↑**), Eberhard Diepgen und Erhard Krack am 21. Oktober 1987 in der Marienkirche in Ost-Berlin (**Abb. ↗**). Im Hintergrund Manfred Stolpe, damals Konsistorialpräsident der Evangelischen Kirche Berlin-Brandenburg in der DDR. Diepgen nahm auf seine Einladung an der kirchlichen Veranstaltung teil.

Spiegelbilder

Weil die Teilstädte ihre Jubiläumsfeiern getrennt und mit gegensätzlichen Konzeptionen begingen, wurde 1987 auch ein Jahr des Wettbewerbs, des Ideendiebstahls und der Spiegelungen. Noch in ihrer Abgrenzung blieben die Feste stets eng aufeinander bezogen.

Der Geist des Wettbewerbs hatte alle Vorbereitungen von Anfang an geprägt. Als West-Berlin mit ansehen musste, wie sich Ost-Berlin historisch herausputzte und sogar das Nikolaiviertel, Berlins Geburtsstätte, wiederauferstehen ließ, verstanden die Abgeordneten dies als klare Herausforderung: »Welche Antworten geben wir auf die Vorgaben Ost-Berlins?« Doch auch im SED-Apparat war man nervös. Schon Ende der 1970er-Jahre hatte man einen erheblichen Rückstand bei der Stadtgeschichtsforschung festgestellt, denn kaum ein DDR-Historiker hatte sich seit dem Mauerbau an das politisch verminte Thema der Berliner Geschichte gewagt. Die vielen historischen Publikationen über Berlin, die 1987 erschienen, waren das Ergebnis eines sorgfältig koordinierten Aufholmanövers, das seinerseits wieder den Westen überraschte. West-Berlin verfolgte die Aktivitäten in Ost-Berlin zwar genau, doch noch besser informiert war der Osten über das, was im Westen vorging. Die Staatssicherheitsorgane protokollierten jeden Schritt, den das Büro B750 machte. Die »Westpresse« wurde systematisch ausgewertet und monatlich resümiert; dazu flossen alle Informationen über »gegnerische Aktivitäten gegen [!] die Feierlichkeiten zum 750jährigen Bestehen Berlins«, wie sie einmal überschrieben wurden, in regelmäßigen Abständen der Ost-Berliner Jubiläumsorganisation zu.

Nahezu skurrile Formen nahm der Wettstreit der Systeme bei der Terminplanung an: Weil »der Westberliner Senat seine Veranstaltungen Ende Oktober plant«, wollte SED-Politbüromitglied Egon Krenz den DDR-Staatsakt kurz vor dem eigentlichen Geburtstag (28. Oktober) begehen. Dann nämlich, erklärte er, »würden wir die wichtigsten Veranstaltungen für den Jubiläumsmonat einleiten«. West-Berlin legte den Auftakt seiner Feierlichkeiten daraufhin schon auf den 30. April, mit dem Festakt im ICC. Ost-Berlin konterte mit einem Eröffnungskonzert am 1. Januar …

Das Ergebnis der Konkurrenzsituation war, dass es 1987 vieles doppelt gab: zwei Programmbücher, zwei Wasserfeste, zwei historische Märkte, einen Staatsakt hier, einen Festakt dort, zwei internationale Radrennen (Tour de France und Friedensfahrt) und zwei internationale Bürgermeistertreffen. Bei Letzterem hatte der Westen ausnahmsweise den Osten kopiert,

und beide Stadthälften hatten sich sogar auf internationaler Ebene Teilnehmer abzuwerben versucht. Im »Einladungspoker« war zwar eine wechselseitige Teilnahme der Vertreter von Ost- und West-Berlin gescheitert, doch einige westdeutsche Stadtoberhäupter besuchten das Treffen in der Hauptstadt der DDR und einige ostdeutsche umgekehrt die Konferenz in West-Berlin. Auch zwei Bauausstellungen gab es: Nach langen Planungen kündigte die Internationale Bauausstellung (IBA), seit 1978 als Stadterneuerungsbüro in West-Berlin aktiv, zum Jubiläum seine ursprünglich für 1984 vorgesehene Bilanzschau an. Rasch organisierte Ost-Berlin ebenfalls im Mai eine DDR-Bauausstellung in der Dynamo-Sporthalle unter dem Titel »Bauen für das Wohl des Volkes«. Beide Ausstellungen zeigten teilweise ähnliche Trends, denn beiderseits der Mauer hatte man sich in den 1980er-Jahren mit Erhalt der Altbausubstanz und Instandsetzungen befasst, und unter gegenseitiger Beobachtung hatte sich im Westen die »kritische Rekonstruktion« und im Osten die »komplexe Rekonstruktion« herausgebildet.

Auch das Erbe von 1937 war in beiden Stadtteilen präsent, wenn auch in sehr unterschiedlicher Weise. West-Berlin beschäftigte sich, wie dargestellt, intensiv mit dem braunen Stadtjubiläum und setzte sich in den konkreten Ausgestaltungen des Festes explizit von jenem ab. Ein Festzug wurde mit Bedacht nicht

Internationales Bürgermeistertreffen Ost, 1. Juni 1987 (**Abb. ↑**), und internationale Bürgermeisterkonferenz West, 15. Mai 1987 (**Abb. ↗**).

durchgeführt und das Olympiastadion nicht als Kulisse verwendet. Wer sich jedoch die Bilder des 27. Deutschen Turnfestes ansieht, das 1987 mit einer langen Parade, einem Feuerwerk sowie 70 000 Teilnehmern im Olympiastadion abgehalten wurde, mag über die These von einer strikten Absage an frühere Festformen vielleicht anders urteilen. So präsent das Erbe von 1937 auch war, genauere Untersuchungen zur 700-Jahr-Feier lagen kaum vor. In der Öffentlichkeit wurde das Fest irrigerweise nicht selten als Hitlers persönliche Schöpfung bezeichnet. Lediglich ein gut recherchierter Aufsatz eines Stadthistorikers erschien zu diesem Thema.

Die SED zog es vor, die Existenz des nationalsozialistischen Vorgängerfestes ganz und gar zu verschweigen. Die Parteispitze selbst strich den Hinweis darauf aus dem Manuskript der »Thesen 750 Jahre Berlin«, und auch sonst war darüber in den DDR-Medien nichts Genaues zu erfahren. Nur in den umfangreicheren stadthistorischen Darstellungen wurde die 700-Jahr-Feier erwähnt. Somit musste sich die Parteiführung auch nicht für den eigenen Festzug rechtfertigen. Weil das Thema tabu war, zirkulierte es nun als verbotenes Wissen in Oppositionskreisen. Die illegale Zeitschrift *grenzfall* nannte das Jubiläum eine Erfindung von Joseph Goebbels. »So wird nun in beiden Teilen Berlins der 50. Jahrestag der 700 Jahrfeier begangen, irgendwelche Ähnlichkeiten beider bzw. der drei Feiern können wir leider nicht kommentieren, da wir über den Ablauf der 700 Jahrfeier zu wenig wissen.«

Diese Äußerung weist einmal mehr auf die Querverbindungen zwischen den Berliner Stadtjubiläen von 1937 und 1987 hin. Ost und West bezogen sich explizit oder implizit auf das Vorgängerjubiläum und stärker noch aufeinander, indem sie miteinander konkurrierten, Ideen übernahmen, aber sich auch ostentativ voneinander abgrenzten. Ganz besonders deutlich wurde dies im Juli 1987. West-Berlin hatte, die nationalsozialistische Feier vor Augen, einen neuerlichen Festzug abgelehnt und nach langem Hin und Her den »Wasserkorso« erfunden. Ost-Berlin fand diese Idee gut, wollte sich die Show nicht stehlen lassen und veranstaltete auch ein »Wasserfest«, überdies am gleichen Tag. Am 25. und 26. Juli feierten die beiden Stadthälften denselben Geburtstag auf demselben Berliner Fluss.

Festzug – Wasserkorso – Wasserfest, die Querverbindungen zwischen den Jubiläen: Statt mit einem historischen Festzug wie im Jahr 1937 (mit der »Barberina in der Sänfte«, **Abb. ↗**) feierte West-Berlin mit einem Wasserkorso (**Abb. ↗ ↗**). Diesen wiederum kopierte die DDR. Auf dem Foto rechts unten (**Abb. →**) ein Beitrag zum historischen »Stralauer Fischzug«, der 1937 noch groß gefeiert worden war.

Berliner

Drei Geschichten der Stadt

Die drei politischen Systeme arbeiteten die Berliner Geschichte auf ganz unterschiedliche Weise auf. Je nachdem, in welchen Epochen sie Höhepunkte und Krisen ausmachten und an welche Traditionen sie anknüpften, fiel die Geschichte der Stadt deutlich anders aus.

Dem nationalsozialistischen Stadtpräsidenten Julius Lippert lag 1937 viel daran, das oft herablassend als jung bezeichnete oder als »Völkermischung« geschmähte Berlin historisch zu würdigen und als deutsche Stadt herauszustellen. Dazu ordnete er bei Kablow südöstlich von Berlin sogar neue Ausgrabungen von Germanensiedlungen an und ließ die Presse darüber schreiben: »Bei den ersten Ausgrabungsergebnissen wird das Gebiet der Reichshauptstadt erneut als urgermanischer Siedlungsboden ausgewiesen, wodurch das noch immer da und dort auftauchende Märchen von dem ›wendischen Fischerdorf‹ als der Keimzelle Berlins widerlegt und nun hoffentlich endgültig verschwinden wird.« Die Grabungen wurden auch nach dem Jubiläum für Forschungs- und Propagandazwecke fortgesetzt.

Auch Ost-Berlin wollte im Jubiläumsfest »die historischen Lehren der Geschichte Berlins« vermitteln. Diese sahen aber im Realsozialismus ganz anders aus als im »Dritten Reich«. Das SED-Zentralkomitee betonte 1983, »daß Berlin als Hauptstadt der DDR die Kontinuität alles Guten sowie den Bruch mit allen Reaktionären in der deutschen Geschichte« verkörpere, und stellte sogar stolz fest, »daß in Berlin in den wenigen Jahrzehnten seiner vom Sozialismus geprägten Geschichte mehr für den Menschen, für Frieden, Demokratie und gesellschaftlichen Fortschritt geleistet wurde als in den vielen Jahrhunderten der Stadtgeschichte zuvor«. In den »Thesen 750 Jahre Berlin« arbeitete ein Historikerkollektiv diese Deutungslinien aus. DDR-eigene Umfrageinstitute mussten 1987 aber feststellen, dass die »Thesen« von der Bevölkerung kaum gelesen wurden. Insbesondere über die Spaltung der Stadt dachten viele Ost-Berliner anders, als es die SED verbreitete – als Krönung der Stadtgeschichte wurde sie jedenfalls nicht gesehen.

West-Berlin wollte demgegenüber vor allem die gewachsene Einheit der Stadt herausstreichen und konnte sich dabei auf einen breiten gesellschaftlichen Konsens stützen. Wie die Geschichte Berlins 1987 dargestellt werden sollte, war jedoch umstritten: ob nationalhistorisch als Geschichte der Hauptstadt oder gar Frontstadt (»Berlin und die Deutschen«) oder eher alltagshistorisch als Entwicklung einer dynamischen Großstadt (»Menschenwerkstatt

Berlin«). Die zweite Variante setzte sich weitgehend durch, denn der Großstadtgedanke prägte die zentrale Ausstellung, die mit dem Martin-Gropius-Bau zudem über das schönste Gebäude der Stadt und das größte Budget verfügte. Parallel dazu wurden in West-Berlin natürlich auch alternative Geschichtsversionen erzählt, ob in Artikelserien über Schlösser und Könige, in landeshistorischen Forschungen oder in Kiezausstellungen »von unten«.

Entsprechend diesen verschiedenen Interpretationen wurde auch Berlins historische Blütezeit unterschiedlich verortet. Die völkisch orientierten Stadthistoriker der 1930er-Jahre sahen meist das Mittelalter als die Glanzzeit der Stadt. Damals habe »die überschüssige deutsche Volkskraft« zur Ostkolonisation geführt, in deren Verlauf auch der »Berliner Raum« wieder besiedelt und die Doppelstadt Berlin-Cölln gegründet worden sei. Hieraus

Im Sommer 1937 starteten auf persönliche Anordnung von Stadtpräsident Julius Lippert die Ausgrabungen eines Germanendorfes bei Kablow südöstlich von Berlin. Zu Propagandazwecken wurde später ein Grabungshaus aufgebaut.

erwuchs die »historische Aufgabe« Berlins als neuem Zentrum Deutschlands, und der Rest der Geschichte las sich wie eine Erfüllung dieser von Anbeginn feststehenden Mission. Spätestens für die Zeit seit dem frühen 19. Jahrhundert konstatierten die Stadthistoriker dann einen Niedergang, der von »jüdischer Überfremdung«, schwacher Führung, ungesunden Wohnverhältnissen und Massenarbeit in Fabriken verursacht worden sei und in der Regel mit biologistischen Metaphern wie »Verfaulung«, »Gärung« und »Entwurzelung« bezeichnet wurde. Die kurze Phase der Republik wurde meist nur knapp als »Absturz« oder »Inferno« beschrieben, um den Neuanfang von 1933 umso glänzender darstellen zu können. Das »Dritte Reich« versprach eine Wiederkehr der historischen Blütezeit.

Wie eine Umkehrung dieser historischen Erzählung liest sich die Deutung der Stadtgeschichte in West-Berlin. In der Epoche, in der die nationalsozialistisch Gesinnten den Niedergang Berlins zu erkennen meinten, in der Entwicklung zur Großstadt des 19. Jahrhunderts, vollzog sich aus Sicht der West-Berliner Historiker gerade ihr Aufstieg. Das Mittelalter hingegen spielte in der Ausstellung im Martin-Gropius-Bau keine Rolle. Aus der Perspektive der Ausstellungsmacher fällt die Blütezeit der Stadt in die »schnellen« 1920er-Jahre, obwohl mit dem Höhepunkt auch der tragische Absturz von 1933 kam. Das »Dritte Reich« hatte dann die innere und äußere Zerstörung der Stadt herbeigeführt, ließ die Stadtgeschichte im Grunde enden. West-Berlin berichtete gelassen von Aufstieg *und* Untergang und konnte die geteilte Gegenwart nur schwer einordnen.

Ost-Berlin sah in seiner Geschichte eine gesetzmäßige Entwicklung hin zum Sozialismus. Diese historisch-materialistische Erzählung handelte von anonymen Kräften des Fortschritts und der Reaktion, bis die Arbeiterbewegung mit ihren Helden auf der historischen Bühne erschien. Ab diesem Zeitpunkt verengte sich die Sichtweise auf die Geschichte zunehmend: Zunächst fokussierte sie auf das Schicksal des Proletariats, dann ersetzte sie die Arbeiterbewegung durch die Kommunisten und schließlich tilgte sie kurzerhand die komplette westliche Stadthälfte aus der Geschichte Berlins. Nachdem die Arbeiterparteien in mehreren Revolutionen stets versucht hätten, die klassenlose Gesellschaft zu erreichen, stellte sich die Gründung der DDR, nach dem schwersten aller Kämpfe, als das lang ersehnte Ziel der Geschichte dar. Die Gegenwart wurde somit selbst zur Blütezeit der Stadtgeschichte; sie besiegelte die Wandlung Berlins vom bösen Hort des Imperialismus zur »Stadt des Friedens«.

Im Rahmen der drei Jubiläen entstanden also drei sehr unterschiedliche Interpretationen der Berliner Vergangenheit: als germanisch-deutscher Aufstieg zur Hauptstadt des »Dritten Reiches«, als klassenkämpferische Entwicklung zur sozialistischen »Stadt des Friedens« und als Geschichte vom Aufstieg und Niedergang einer modernen Metropole.

Stets gaben die Berlin-Jubiläen Anlass zu Grabungen in der Berliner Erde. 1937 wiesen Frühhistoriker durch ihre Grabungen in Kablow die Reichshauptstadt als »urgermanischen Siedlungsboden« aus (**Abb.↑**). Die Hauptstadt der DDR unterstrich ihre weit zurückreichenden historischen Wurzeln in den 1980er-Jahren durch archäologische Forschungen im Nikolaiviertel (**Abb.→**). Und in West-Berlin setzten sich Bürgerinitiativen mittels der »Spurensuche« im Boden kritisch mit der Berliner Geschichte auseinander. Am 5. Mai 1985 veranstaltete das Aktive Museum die »Aktion Nachgegraben« auf dem damaligen »Gestapo-Gelände« (**Abb.↗**); hier eröffnete 1987 die Ausstellung »Topographie des Terrors«.

Berlin? Aber wo liegt es?

Bei aller Konkurrenz um das wahre Berlin ist es kaum verwunderlich, dass sich die unterschiedlichen Konzepte selbst in der Kartografie niederschlugen. Ost- und West-Berlin waren sich von jeher über die Grenzen der Stadt sowie ihre grafische Darstellung uneinig, und anlässlich der 750-Jahr-Feier wurde der Kampf um die Stadtpläne erneut ausgetragen. Und so könnte man im Rückblick auf die drei Jubiläen in der Nachfolge Schillers fragen: Berlin? Aber wo liegt es?

Während sich die Reichshauptstadt 1937 topografisch an ihren Ursprüngen im alten Berlin orientierte und sich gelegentlich über das geänderte Stadtbild zu wundern schien, spiegelte sich in den Berlinplänen aus den 1980er-Jahren politisches Wunschdenken jeder Couleur. West-Berlin tat mit einer etwas dickeren Linie so, als wäre die Berliner Mauer nicht mehr als eine Bezirksgrenze. Ansonsten sah die Stadt in Ost wie West gleich aus, sie war ja schließlich eins.

Die Hauptstadt der DDR hatte schon immer wenig Anlass gesehen, die »selbständige politische Einheit« an ihrem westlichen Stadtrand auf den eigenen Plänen mit abzubilden. Die halbe Hauptstadt rückte sich stattdessen selbst in die Bildmitte. Nur in einigen Ecken konnte man weiße Flecken finden: »Westberlin«, Terra incognita. Die Krönung dieser politischen Stadtpläne war ein Ost-Berliner BVG-Plan von 1987, der »Westberlin« durch eine kreative schematische Anordnung der Bahnstrecken regelrecht verschwinden ließ (**Abb. →**). Was liegt direkt hinter dem Brandenburger Tor? Das weiß doch jeder: Potsdam!

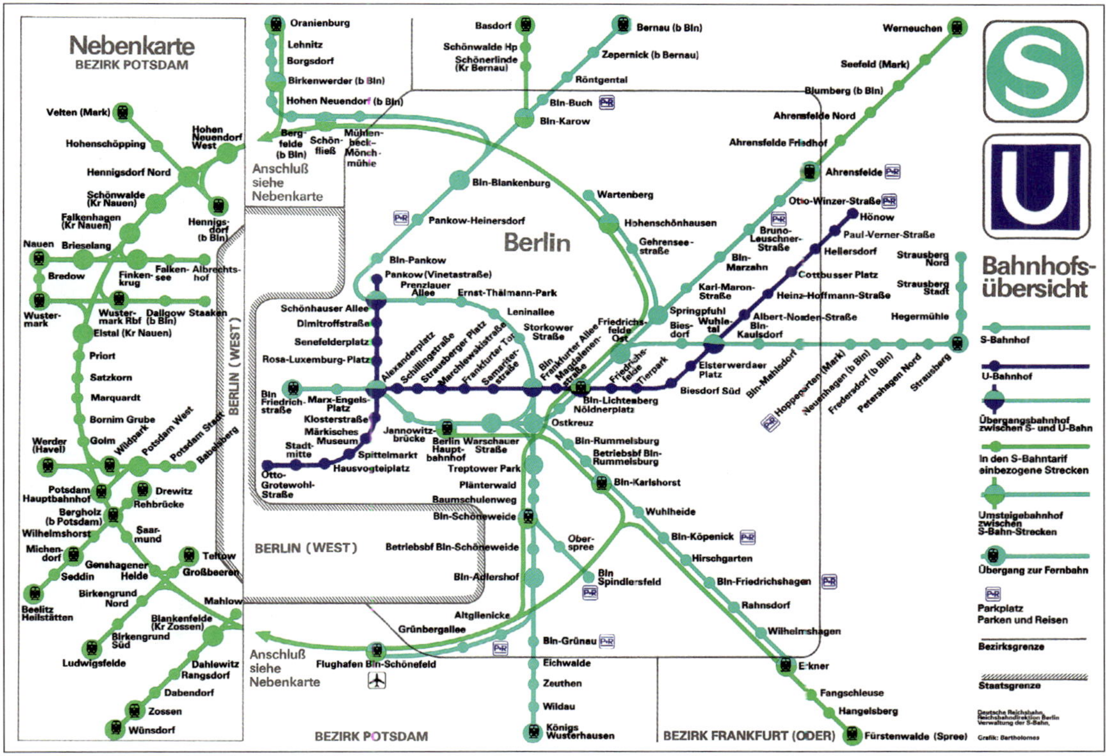
Nebenkarte
BEZIRK POTSDAM
Velten (Mark)
Hohenschöpping
Hohen Neuendorf West
Hennigsdorf Nord
Schönwalde (Kr Nauen)
Falkenhagen (Kr Nauen)
Hennigsdorf (b Bln)
Nauen
Brieselang
Bredow
Finkenkrug
Falkensee
Albrechtshof
Wustermark
Wustermark Rbf
Dallgow (b Bln)
Staaken
Elstal (Kr Nauen)
Priort
Satzkorn
Marquardt
Bornim Grube
Golm
Werder (Havel)
Wildpark
Potsdam West
Potsdam Stadt
Babelsberg
Potsdam Hauptbahnhof
Drewitz
Rehbrücke
Bergholz (b Potsdam)
Wilhelmshorst
Saarmund
Michendorf
Seddin
Genshagener Heide
Teltow
Großbeeren
Beelitz Heilstätten
Birkengrund Nord
Mahlow
Blankenfelde (Kr Zossen)
Birkengrund Süd
Ludwigsfelde
Dahlewitz
Rangsdorf
Dabendorf
Zossen
Wünsdorf
BERLIN (WEST)
Oranienburg
Lehnitz
Borgsdorf
Birkenwerder (b Bln)
Hohen Neuendorf (b Bln)
Bergfelde (b Bln)
Schönfließ
Mühlenbeck-Mönchmühle
Anschluß siehe Nebenkarte
Basdorf
Schönwalde Hp
Schönerlinde (Kr Bernau)
Bernau (b Bln)
Zepernick (b Bernau)
Röntgental
Bln-Buch
Bln-Karow
Bln-Blankenburg
Pankow-Heinersdorf
Bln-Pankow
Pankow (Vinetastraße)
Prenzlauer Allee
Ernst-Thälmann-Park
Schönhauser Allee
Dimitroffstraße
Senefelderplatz
Rosa-Luxemburg-Platz
Leninallee
Storkower Straße
Berlin
Wartenberg
Hohenschönhausen
Gehrensee-straße
Werneuchen
Seefeld (Mark)
Blumberg (b Bln)
Ahrensfelde Nord
Ahrensfelde Friedhof
Ahrensfelde
Otto-Winzer-Straße
Hönow
Paul-Verner-Straße
Bruno-Leuschner-Straße
Hellersdorf
Bln-Marzahn
Cottbusser Platz
Karl-Maron-Straße
Heinz-Hoffmann-Straße
Springpfuhl
Albert-Norden-Straße
Biesdorf
Wuhletal
Bln-Kaulsdorf
Friedrichsfelde Ost
Elsterwerdaer Platz
Biesdorf Süd
Bln-Mahlsdorf
Hoppegarten (Mark)
Neuenhagen (b Bln)
Fredersdorf (b Bln)
Petershagen Nord
Strausberg
Strausberg Nord
Strausberg Stadt
Hegermühle
Bln Friedrichstraße
Marx-Engels-Platz
Alexanderplatz
Schillingstraße
Strausberger Platz
Marchlewskistraße
Frankfurter Tor
Samariterstraße
Bln Frankfurter Allee
Magdalenenstraße
Friedrichsfelde
Tierpark
Bln-Lichtenberg
Nöldnerplatz
Klosterstraße
Märkisches Museum
Stadtmitte
Spittelmarkt
Jannowitzbrücke
Berlin Hauptbahnhof
Warschauer Straße
Ostkreuz
Otto-Grotewohl-Straße
Hausvogteiplatz
Treptower Park
Plänterwald
Baumschulenweg
Bln-Rummelsburg
Betriebsbf Bln-Rummelsburg
Bln-Karlshorst
Wuhlheide
Bln-Köpenick
Hirschgarten
Bln-Friedrichshagen
Rahnsdorf
Wilhelmshagen
Erkner
Fangschleuse
Hangelsberg
Fürstenwalde (Spree)
Bln-Schöneweide
Betriebsbf Bln-Schöneweide
Oberspree
Bln Spindlersfeld
Bln-Adlershof
Altglienicke
Grünbergallee
Flughafen Bln-Schönefeld
Bln-Grünau
Eichwalde
Zeuthen
Wildau
Königs Wusterhausen
BEZIRK POTSDAM
BEZIRK FRANKFURT (ODER)
Bahnhofs-übersicht
S-Bahnhof
U-Bahnhof
Übergangsbahnhof zwischen S- und U-Bahn
In den S-Bahntarif einbezogene Strecken
Umsteigebahnhof zwischen S-Bahn-Strecken
Übergang zur Fernbahn
Parkplatz Parken und Reisen
Bezirksgrenze
Staatsgrenze
Deutsche Reichsbahn, Reichsbahndirektion Berlin Verwaltung der S-Bahn,
Grafik: Bartholomew

Literatur

700-Jahr-Feier der Reichshauptstadt August 1937. Folge der Feier vom 14. bis 22. August 1937, Berlin 1937

750 Jahre Berlin. Das Buch zum Fest, Berlin 1986

750 Jahre Berlin. Thesen, Berlin 1986

Amtlicher Führer durch die Freigeländeschau am Funkturm »700 Jahre Berlin«, Berlin 1937

Bender, Peter, *Wenn es West-Berlin nicht gäbe*, Berlin 1987

Berlin-Information, *Das Bilderbuch vom Festumzug*, Berlin 1987

Eckhardt, Ulrich (Hg.), *750 Jahre Berlin. Stadt der Gegenwart*, Berlin 1987

Escher, Felix, »Berlins 700-Jahr-Feier 1937. Bemerkungen zur Entwicklung des Gedankens eines Stadtjubiläums«, in: *Jahrbuch des Landesarchivs Berlin* (1986), S. 177–190

Falanga, Gianluca, *Berlin 1937. Die Ruhe vor dem Sturm*, Berlin 2007

Friedrich, Thomas, *Die missbrauchte Hauptstadt. Hitler und Berlin*, Berlin 2007

Grantzow, Hans, *700 Jahre Berlin*, Berlin 1937

Haß, Matthias, *Gestaltetes Gedenken. Yad Vashem, das U.S. Holocaust Memorial Museum und die Stiftung Topographie des Terrors*, Frankfurt a. M. und New York 2002

Kellerhof, Sven Felix, *Hitlers Berlin. Geschichte einer Hassliebe*, Berlin 2005

Korff, Gottfried und Rürup, Reinhard (Hg.), *Berlin, Berlin. Die Ausstellung zur Geschichte der Stadt*, Berlin 1987

Kowalczuk, Ilko-Sascha, *Endspiel. Die Revolution von 1989 in der DDR*, München 2009

Leitner, Olaf, *West-Berlin! Westberlin! Berlin (West)! Die Kultur – die Szene – die Politik. Erinnerungen an eine Teilstadt der 70er und 80er Jahre*, Berlin 2002

Maß, Torsten (Hg.), *750 Jahre Berlin 1987. SternStunden. Eine Dokumentation*, Berlin 1987

Rathenow, Lutz und Hauswald, Harald, *Berlin-Ost. Die andere Seite einer Stadt*, Berlin 1990

Rott, Wilfried, *Die Insel. Eine Geschichte West-Berlins 1948–1990*, München 2009

Saldern, Adelheid von (Hg.), *Inszenierter Stolz. Stadtrepräsentationen in drei deutschen Gesellschaften*, Stuttgart 2005

Schöne, Jens, *Stabilität und Niedergang. Ost-Berlin im Jahr 1987*, Berlin 2006

Stronk, Detlef, *Berlin in den achtziger Jahren. Im Brennpunkt der deutsch-deutschen Geschichte*, Berlin 2009

Thijs, Krijn, »Der Mauerfall und das verlorene West-Berlin«, in: *Deutschland Archiv* 44 (2012), S. 63–70

Thijs, Krijn, *Drei Geschichten, eine Stadt. Die Berliner Stadtjubiläen von 1937 und 1987*, Köln u. a. 2008

Trotnow, Helmut von und Weiß, Florian (Hg.), *Tear down this wall. US-Präsident Ronald Reagan vor dem Brandenburger Tor, 12. Juni 1987*, Ausstellungskatalog Alliierten-Museum, Berlin 2007

Urban, Florian, *Berlin/DDR, neohistorisch. Geschichte aus Fertigteilen*, Berlin 2007

Wolle, Stefan, *Die heile Welt der Diktatur. Alltag und Herrschaft in der DDR 1971–1989*, München 1998

www.jugendopposition.de, Kooperationsprojekt der Bundeszentrale für politische Bildung und der Robert-Havemann-Gesellschaft e.V. (Stand Juli 2012)

Zitatnachweise

S. 9: Falanga, *Die Ruhe vor dem Sturm*

S. 11: W. Fest, »Zum Geleit«, in: Presse- und Informationsamt, *Information zur 750-Jahr-Feier*, Berlin 1986

S. 18: Goebbels' Festansprache in: *Völkischer Beobachter*, 16.8.1937; Goebbels' Tagebucheintrag am 13. und 14.8.1937, zit. n.: E. Fröhlich (Hg.), *Die Tagebücher von Joseph Goebbels*, Bd. I/4, München 2000, S. 263 und 264; Lippert in *Berliner Morgenpost*, 15.8.1937

S. 20: *Berliner Morgenpost*, 31.7.1937; *Berliner Lokal-Anzeiger*, 19.8.1937

S. 22: Programmheft Festzug 700 Jahre Berlin, in: Landesarchiv Berlin [LA], A Rep. 001–02, 428, S. 1; Vermerk zum Festzug, 17.7.1937, in: Ebd., 431

S. 26: Goebbels' Tagebucheintrag am 16.8.1937, zit. n. Fröhlich [vgl. S. 18], *Tagebücher*, S. 267

S. 28: H. Niedecken-Gebhard, »Zum Ausklang«, in: *700-Jahr-Feier der Reichshauptstadt. Folge der Feier*, Berlin 1937; H. Kügler, »Volkskundliches von der 700-Jahr-Feier der Reichshauptstadt Berlin«, in: *Niederdeutsche Zeitschrift für Volkskunde* 15 (1937), 3–4, S. 156

S. 32: *Amtlicher Führer durch die Freigeländeschau*; Programmheft Festzug 700 Jahre Berlin, S. 1

S. 38: *Stralauer Fischzug. Berliner Volksfest an beiden Ufern der Spree im Olympia Jahr 1936. Programm*, Berlin 1936, S. 1

S. 45: Hager an Naumann, 9.7.1981, in: Bundesarchiv SAPMO [BA], DY30/vorl. SED 38791

S. 46: *750 Jahre Berlin. Konstituierung des Komitees der DDR zum 750jährigen Bestehen von Berlin am 7. Februar 1985*, Berlin 1985
S. 48: *Berliner Morgenpost*, 4.1.1987; *750 Jahre Berlin. Staatsakt der DDR am 23. Oktober 1987*, Berlin, 1988, S. 7
S. 54: Protokoll Hinweise E[rich]. H[onecker]., 31.3.1987, in: LA, C Rep 902, 6570; Interview Schabowski, in: Schöne, *Stabilität und Niedergang*, S. 95; Staatssicherheit beim Festzug: Ebd., S. 27
S. 58: *Die Welt*, 28.7.1987
S. 64: *Neues Deutschland*, 6.7.1987; *Die Neue Zeit*, 6.7.1987; *Umweltblätter*, 1.10.1987, S. 14
S. 68: Schöne, *Stabilität und Niedergang*, S. 64; Kirche von unten, Fliegendes Papier 10, auf www.jugendopposition.de
S. 70: Wolf Oschlies, »›Man nennt uns manchmal Fischkopf …‹ Zum DDR-Regionalismus und seinen subkulturellen Reflexen«, *Deutschland Archiv* 21 (1988), S. 778–786; *Umweltblätter*, 12.6.1987, S. 4
S. 74: Bender, *Wenn es West-Berlin nicht gäbe*, S. 15
S. 76: Abgeordnetenhaus Plenardebatte PP 9/28, 23.9.1982, 1737B (Biewald, CDU); PP 9/41, 10.3.1983, 2445A (Kollat, SPD); *Berliner Morgenpost*, 25.12.1985; Eckhardt, *750 Jahre Berlin. Stadt der Gegenwart* (Klappentext); Rede Diepgen in *Der Tagesspiegel*, 1.5.1987
S. 78: Abgeordnetenhaus DS 9/2292, 30.11.1984, S. 3
S. 82: V. Hassemer, in: Maß, *SternStunden*, S. 3
S. 84: Rede Kohl, in: Ch. Stölzl (Hg.), *Deutsches Historisches Museum. Ideen – Kontroversen – Perspektiven*, Frankfurt a.M. und Berlin 1988, S. 651
S. 90: *Mythos Berlin. Eine szenische Ausstellung auf dem Gelände des Anhalter Bahnhofs*, Berlin 1987, S. 62–63
S. 92: Ideenskizze, 19.9.1983, in: LA, B Rep 150, 54; Pressematerialien 3.9.1984, in: Ebd.
S. 94: V. Hassemer, in: Maß, *SternStunden*, S. 3
S. 96: *Volksblatt Berlin [im Text Berliner Volksblatt]*, 22.11.1987
S. 98: *Berliner Morgenpost*, 4.5.1987; *taz*, 4.5.1987
S. 100: zit. n. C.D. Nagel (Hg.), *Berlin '87. Das Jahr im Rückspiegel*, Berlin 1987, S. 73; Der Passierschein im Wikipedia-Eintrag zum »Büro für ungewöhnliche Maßnahmen«, www.de.wikipedia.org (Stand 25. Juli 2012)
S. 104: *FAZ*, 16.11.2008
S. 105: *FAZ*, 10.6.1987; *taz*, 12.6.1987
S. 106: *taz*, 15.6.1987
S. 109: *taz*, 13.6.1987
S. 112: Abgeordnetenhaus DS 9/1283, 13.9.83, S. 2f.
S. 113: Bräutigam an die Landesvertretung Berlin, 21.2.1986, in: LA, B Rep. 150, 153; *FAZ*, 18.10.1986
S. 114: Fischer an Honecker, 7.4.1987, in: BA, DY30, vorl. SED 2568
S. 116: PP 9/44, 5.5.1983, 2586A (Lehmann-Brauns, CDU); Bericht, 31.5.1985, in: LA C Rep 902, 6528; Krenz an Honecker, 21.1.1985, in: BA, DY30, vorl. SED 2565
S. 118: *Grenzfall* 6/87
S. 120: *Berliner Morgenpost*, 15.8.1937; SED-Bezirksleitung, »Maßnahmen zum 750. Jahrestag«, 20.1.1983, in: LA, C Rep 902, 5106
S. 121: Grantzow, *700 Jahre Berlin*, S. 4
S. 122: Grantzow, *700 Jahre Berlin*, S. 6 und 29–31; M. Arent, E. Faden und O.-F. Gandert, *Geschichte der Stadt Berlin. Festschrift zur 700-Jahr-Feier der Reichshauptstadt*, Berlin 1937, S. 348, 394–399

Bildnachweis

AlliiertenMuseum e.V. Umschlagrückseite u. + 80 r., 107
Archiv Bundesstiftung Aufarbeitung (Fotobestand Klaus Mehner) 51 (Bild 87_0528_POL_WP-Abruest_06), 105 (Bild 87_0608_KUL-Musik_04)
Bildarchiv Preußischer Kulturbesitz – bpk 30 l. (Fotograf: Knud Petersen), 41 (Fotograf: Carl Weinrother), 63 (Fotograf: Manfred Uhlenhut)
BStU 108 (MfS-HA-III-Fc-0122-Bild-0039), 110 (BStU, MfS, Sekret. d. Ministers, Bl. 59, 1987), 111 u. (BStU, MfS-HA-VIII-7774, S. 49)
Bundesarchiv 59 (DH 2 Bild A-24263 / Fotograf: Letzerich), 60 l. (Bild 183-G1122-0600-090), 60 r. (Bild 183-1987-0514-029 / Fotograf: Hubert Link), 61 (Bild 183-1987-0724-016 / Fotograf: Thomas Uhlemann), 64 l. (Plak 102-072-019), 115 l. (B 145 Bild-00010687 / Fotograf: Lothar Schaack)
Bundesarchiv (Fotograf: Rainer Mittelstädt) 47 (Bild 183-1985-0207-023), 48 r. (Bild 183-1987-1023-035), 49 (Bild 183-1987-0704-006), 50 (Bild 183-1987-0529-029)
Bundesarchiv (Fotograf: Klaus Oberst) 56 l. (Bild 183-1987-0704-076), 56 r. (Bild 183-1987-0704-058), 65 (Bild 183-1987-0705-008), 113 (Bild 183-1987-1010-009)
Bundesarchiv (Fotograf: Georg Pahl) 23 (Bild 102-17888), 40 (Bild 102-17896)
Bundesarchiv (Fotograf: Peter Zimmermann) 42 (Bild 183-1987-0704-068), 48 l. (Bild 183-1986-1230-035), 64 r.

(Bild 183-1987-0704-103), 117 l. (Bild 183-1987-0601-036)
Bundesregierung 81 (B 145 Bild-00014366), 85 (B 145 Bild-00177409)
Hesse, Udo 57
Landesarchiv Baden-Württemberg, Staatsarchiv Freiburg (Fotograf: Willy Pragher) 14, 27, 29, 37, 119 o. l.
Landesarchiv Berlin 33, 34 r., 39, 53, 89
Landesarchiv Berlin (Fotograf: Ludwig Ehlers) 90 l., 91, 93, 102 o., 119 o. r.
Landesarchiv Berlin (Fotograf: Edmund Kasperski) 78 l., 79, 95, 117 r.
Landesarchiv Berlin (Fotograf: Günter Schneider) 13 l., Umschlagvorderseite + 13 r., 94 l., 102 u., 119 u.
Museum Charlottenburg-Wilmersdorf 35
Nemes, Toni 98, 99, 100 r.
Nissen, Margret 72
Ostkreuz 67 (Fotograf: Harald Hauswald)
Robert-Havemann-Gesellschaft 54 (Fotograf: Gerhard Zwickert), 68, 70 r. (Fotografin: Annette Beleites), 71 (Fotograf: Ralf Hirsch), 111 o.
Robert-Havemann-Gesellschaft (Fotograf: Siegbert Schefke) 69, 109 r.
Sammlung K. Thijs 21, 30 r., 34 l.
S-Bahn Museum Berlin 125
Scherl-Bilderdienst Berlin 19
Schmidt, Paula (Entwurf) 78 r.
Schneider, Günter 55, 105 l.
Senatsverwaltung für Stadtentwicklung und Umwelt, Luftbildservice 83
Stiebing, Hans Peter 77, 97, 109 l., 123 o. r.
Stiftung Stadtmuseum Berlin 123 u.
Stiftung Stadtmuseum Berlin (T. Hauptmann) 121, 123 o. l.
Stiftung Topographie des Terrors (Fotografin: Margret Nissen) 87, 88
ullstein bild 26, Umschlagrückseite o. + 31, 38, 80 l. (Fotograf: Braczyk), 94 r. (Fotograf: Schraps), 100 l. (Fotograf: Günter Peters)
ullstein bild (Fotograf: Heinz Fremke) 24 u., 25
ullstein bild - AP 115 r.
ullstein bild - Daimler-Benz AG 84 r.
ullstein bild - Klöckner 84 l.
Umbruch Bildarchiv 101
Verlag Ästhetik & Kommunikation (Buchcover »Mythos Berlin«) 90 r.
www.andreawitte.de 70 l.
Zentral- und Landesbibliothek Berlin 12, 20, 24 o.

Dank

An erster Stelle möchte ich mich bei Kulturprojekte Berlin für die Möglichkeit bedanken, eine Ausstellung über die Berliner Stadtjubiläen von 1937 und 1987 zu erarbeiten. Für die Zusammenarbeit danke ich insbesondere Moritz van Dülmen, Simone Leimbach, Antje Schröder, Georg von Wilcken, Wolf Kühnelt, Susanne Kumar-Sinner, Franziska Olhorn und Viola Goertz. Die Idee für das Ausstellungsprojekt hatte Hans-Friedrich Müller aus der Berliner Senatskanzlei. Ich danke dem Duitsland Instituut Amsterdam für das diesem Projekt entgegengebrachte Verständnis.

Die Bildrecherche haben Jasmin Bühring, Meta Stephan und Fabian Stratmann übernommen. Ihnen danke ich sehr herzlich für die intensiven Nachforschungen in den Berliner Fotoarchiven sowie für ihre Geduld mit meinen nicht immer ganz klar formulierten Suchanfragen. Für Auskünfte und Unterstützung danke ich Petra Fischer, Benedikt Goebel, Thomas Hauptmann, Kurt Jotter, Christoph Ochs, Martin Sabrow, Jens Schöne, Tom Sello, Florian Weiß und den Mitarbeitern des Berliner Landesarchivs.

Dass die Ausstellung in diesem Band dokumentiert wird, ergab sich erst in der Endphase des Projekts. Wir verdanken das Begleitbuch dem großen Engagement von Diethelm Kaiser im Nicolai Verlag. Ich möchte mich bei dem ganzen Team für seinen Einsatz in der überaus knappen Zeit bedanken.

Besonders hervorheben möchte ich Annette Meier, die Redakteurin, die im Laufe dieses Projekts häufig zwischen niederländischer und deutscher Sprachkultur vermitteln musste. Sie hat unter großem Zeitdruck immer Ruhe und ein kritisches Auge bewahrt. Ich bin ihr für die intensive Zusammenarbeit der letzten Monate zu großem Dank verpflichtet.

Schließlich danke ich für ihre Unterstützung zu Hause meiner Berlinerin Nicole und unseren beiden Halbberlinerinnen Frieda und Louise.

Krijn Thijs